Like me.
Jeder Klick zählt

AF178714

© Hoffotografen

Thomas Feibel (Jahrgang 1962) ist der führende Journalist zum Thema »Kinder und Computer« in Deutschland. Er leitet das »Büro für Kindermedien« in Berlin und publiziert u. a. in »c't«, »familie& co« sowie »Dein Spiegel« und arbeitet auch für Hörfunk und Fernsehen. Er hält viele Vorträge, gibt Workshops und hat zahlreiche Kinder- und Jugendbücher veröffentlicht.

Für »Like me – Jeder Klick zählt« erhielt Thomas Feibel den Leipziger Lesekompass 2014. Im selben Jahr wurde er von Bibliothek & Information Deutschland (BID) für seine Arbeit zur Leseförderung und Vermittlung elektronischer Medien für Kinder und Jugendliche mit der Karl-Preusker-Medaille ausgezeichnet.

Thomas Feibel

Like me.
Jeder Klick zählt

Außerdem von Thomas Feibel im Carlsen Verlag lieferbar:
hAPPy – Der Hund im Handy
Ich weiß alles über dich
Mach deinen Medienführerschein
#selbstschuld – Was heißt schon privat

Dies ist ein Roman. Alle Hinweise auf reale Personen oder Örtlichkeiten
stehen in einem fiktiven Kontext. Namen, Charaktere, Orte und
Geschehnisse entspringen der Fantasie des Autors und jede Ähnlichkeit zu
tatsächlichen Ereignissen, Örtlichkeiten, lebenden oder verstorbenen
Personen ist zufällig.

klick**safe**.de

Unterrichtsmaterialien in Kooperation
mit klicksafe – der EU-Initiative für mehr Sicherheit im Netz

Wir behalten uns die Nutzung unserer Inhalte für Text- und Data-Mining
im Sinne von § 44b UrhG ausdrücklich vor.

Mit Fragen zur Produktsicherheit wenden Sie sich bitte an:
carlsen.de/kontakt

Veröffentlicht in der Carlsen Verlag GmbH
Völckersstraße 14–20, 22765 Hamburg
Copyright © 2013 Carlsen Verlag GmbH, Hamburg
Umschlagbild: photocase.com © Shuwal | Leuchtspur.at /
iStockphoto.com © Jimena Catalina
Umschlaggestaltung: formlabor
ISBN 978-3-551-31397-3

Kostenloses Unterrichtsmaterial zu diesem Buch und vielen
weiteren Büchern gibt es unter carlsen.de/schule.

Carlsen-Newsletter: Tolle Lesetipps kostenlos per E-Mail!
Unsere Bücher gibt es überall im Buchhandel und auf carlsen.de.

»MACH MIT, SAMMLE FREUNDE, SEI ON SHOW«

Ich muss dir etwas erzählen, aber es darf wirklich niemand erfahren. Nur dir kann ich noch vertrauen. Ich weiß, dass bei dir ein Geheimnis auch ein Geheimnis bleibt – und es nicht gleich die ganze Welt erfährt. Wenn du dich nicht mehr auf deine Freunde verlassen kannst, auf wen dann? Heute frage ich mich allerdings, ob Jana und ich jemals wirklich Freundinnen waren ...

Jana kam nach den Sommerferien neu aus Hamburg zu uns in die Klasse. Seitdem sie auf dem freien Platz neben mir saß, sahen plötzlich alle Jungs ständig in unsere Richtung. Einige wagten nur heimliche Blicke, andere starrten und einem Teil schien erst durch Jana aufgegangen zu sein, dass es überhaupt so etwas wie Mädchen an der Joseph-Weizenbaum-Gesamtschule gab. Die Mädels dagegen ahmten sie entweder nach oder hassten sie.

Denn Jana-Maria Wolf sah einfach unglaublich gut aus. Ihre langen blonden Haare stylte sie immer wieder anders: mal offen und glatt, mal lockig, mal hochgesteckt oder mit eingeflochtenen, feinen Zöpfen. Sie schminkte sich jeden Tag und trug immer Schuhe mit hohen Absätzen. Ich schwöre dir: Unter zehn Zentimetern machte es Jana nie. Dabei überragte sie uns alle mit ihren 14 Jahren sowieso schon um einen halben Kopf. Ich dagegen hatte immer die gleiche braune Wuschelfrisur, die gleichen Ringelshirts, Jeans und Turnschuhe. Um eine Sache beneidete ich sie besonders: Während ich noch mindestens bis zu meinem dreizehnten Geburtstag gezwungen war meine feste Stacheldraht-Zahnspange zu tragen, hatte sie von Natur aus perfekt geformte, weiße Zähne, die sie beim Lächeln zeigte. Bloß lächelte Jana fast nie. Ganz im Gegenteil: Meistens wirkte sie total abweisend. Deshalb kam auch anfangs niemand so richtig an sie heran. Obwohl ich tagtäglich an ihrer Seite hockte, wechselten wir nur wenige Worte miteinander. Ein richtiges Gespräch mit ihr war ohnehin kaum möglich, weil sie ununterbrochen mit ihrem iPhone herumspielte, das in einer pinkfarbenen Schutzhülle mit falschen Edelsteinen steckte. Ich selbst besaß nur so eine alte, verschrammte Gurke. Wegen des strengen Handyverbots an unserer Schule lag sie meistens irgendwo ausgeschaltet tief in meiner Tasche vergraben. Aber Jana machte sich nichts aus Regeln. Andauernd ging sie mit dem Ding online. Sogar während des Unterrichts, ohne dabei jemals von einem Lehrer erwischt zu werden. Entweder hatte gerade irgendjemand auf ON etwas gepostet oder sie schrieb selbst ein paar Zeilen. Aber vielleicht hätte ich das ja ebenso gemacht, wenn ich nach einem Umzug meinen alten Freundeskreis vermisst hätte.

Jana und ich kamen uns erst näher, als ich mich zu Hause am Computer meiner Eltern auch auf dem sozialen Netzwerk ON anmeldete. Unter meinem Echtnamen Karo Lipschitz schickte ich ihr meine allererste Freundschaftsanfrage. Zu meiner Überraschung flatterte nur wenige Sekunden später eine Bestätigung von ihr herein. Jana hatte schon über 400 Freunde, während ich nach meinem ersten Tag auf ON gerade mal auf zwölf kam. Cousins und Cousinen, die ich nicht mal sonderlich leiden konnte, bereits mitgezählt. Neugierig klickte ich mich durch ihre endlosen Bildergalerien. Am meisten beeindruckten mich dabei die Fotos von ihrem Zuhause: Jana in einem parkähnlichen Garten mit Anlegeplatz und Segelboot, Jana an einem großen Swimmingpool. Und immer das iPhone in der Hand.

Kurz: Für mich war Jana das perfekte Mädchen, das alles hatte. Es gab in ihrem Leben nur einen echten Schönheitsfehler: Sie war in der Schule nicht gerade gut und in Sachen Mathematik sogar unglaublich schlecht.

»Warum hast du eigentlich keinen Nachhilfelehrer?«, erkundigte ich mich bei Jana nach der Schule.

»Mein Dad will das grundsätzlich nicht«, antwortete sie unkonzentriert und tippte eifrig auf ihrem iPhone herum. Dabei benutzte sie mich wie einen Blindenhund: Sie lief, wenn ich lief, und sie blieb stehen, wenn ich stehen blieb. »Er findet, dass ich es aus eigenem Antrieb schaffen muss. Ehrgeiz geht ihm nun mal über alles.«

»Meine Eltern ticken da völlig anders«, wunderte ich mich. »Die sparen immer an allem, doch sobald ich mit nur einer Drei nach Hause komme, suchen sie mir sofort eine Nachhilfe.«

Ich sah kurz zu Jana rüber. Da sie die ganze Zeit fleißig weiterschrieb, wusste ich nicht, ob sie mir überhaupt zugehört hatte.

»Na ja …«, antwortete sie mit einiger Verspätung, ohne aufzuschauen. »Es kann ihm ja auch als Besitzer einer international erfolgreichen Fotoagentur einfach total peinlich sein, dass seine Tochter nicht bis drei zählen kann.«

Das passte zu dem Angeber im dunklen Anzug, dachte ich insgeheim, der sie ab und zu im silbernen Porsche von der Schule abholte.

»Umso besser«, versuchte ich sie aufzumuntern, »dass wir jetzt unsere eigene Mathegruppe gegründet haben!«

Die Idee war mir kürzlich gekommen, als Jana nachmittags im Chat auf *ON* mal wieder über die bevorstehende Mathearbeit gejammert hatte. Ivo würde dabei sein und auch Eddi. Mindestens zweimal die Woche wollten wir üben, so jedenfalls unser Plan. Und das allererste Treffen sollte an diesem Tag bei mir stattfinden, da ich am nächsten an der Weizenbaum-Schule dran wohnte.

Jana blieb skeptisch. »Ich glaube ja nicht, dass mir das hilft. Die Welt der Zahlen verstehe ich so wenig wie chinesische Schriftzeichen. Ist es eigentlich noch sehr weit?« Sie schwenkte ihr Telefon in der Luft. »Mein Akku macht gleich schlapp.«

Tschüss Kinderzimmer

Ich war an diesem Tag ehrlich gesagt ganz schön aufgeregt. Noch nie hatte mich Jana besucht. Natürlich konnte mein Zimmer niemals mit ihrem mithalten. Die tollen Fotos auf *ON* gingen mir einfach nicht mehr aus dem Kopf: Ihre Eltern mussten ihr das komplette Dachgeschoss der Villa ausgebaut haben. Tja, an Geld schien es Familie Wolf nicht gerade zu mangeln. Meine neue Mitschülerin lebte praktisch in einer eigenen Wohnung voller stylischer Möbel und einem riesigen Bad mit frei stehender Wanne. So etwas kannte ich sonst nur aus den Luxus-Einrichtungszeitschriften im Architektenbüro meines Vaters.

Danach musste ja der anschließende Vergleich mit meinen eigenen vier Wänden vernichtend ausfallen: das reinste Kinderzimmer! Was war mir also anderes übrig geblieben, als meine sämtlichen Spielsachen in Kartons zu packen und sie höchstpersönlich in den Keller zu tragen. Auch hatte ich mich schweren Herzens von der vermutlich größten Katzenpostersammlung der Welt getrennt und anschließend meinen Vater bearbeitet, mit mir zusammen mein Zimmer am Wochenende zu renovieren. Er hatte mir dann sogar einen neuen Schreibtisch, ein Regal und einen bunten Läufer von IKEA spendiert und mir zur Krönung noch sein altes Notebook überlassen, auf das ich schon immer scharf gewesen war. Endlich musste ich weder ihn noch meine Mutter extra fragen und konnte jetzt auch mal unbeobachtet auf *ON* gehen.

Wie würde Jana jetzt darauf reagieren? Kritisch schaute sie sich in meinem frisch verwandelten Zimmer um, das immer noch ein wenig nach Farbe roch, und schlüpfte aus ihrem Sommermantel. Jana sah richtig elegant aus. Sie kannte jede Menge cleverer Tricks, um auch stinknormale H&M-Klamotten aufzupeppen. Zum Beispiel mit Gürteln, Ketten und Tüchern.

»Unglaublich«, rief sie schließlich und wies auf mein Bett. »Du hast immer noch Kuscheltiere?«

Ich starrte überrascht meinen rosa Hasen mit dem fehlenden Ohr an, der mitten auf dem Kopfkissen thronte. Den musste meine Mutter heute beim Bettenmachen dahin gesetzt haben.

Ich wollte rasch eine witzige, entschuldigende Bemerkung machen, aber bevor ich überhaupt ein Wort herausbringen konnte, machte Jana mit ihrem iPhone ein Foto. Stolz grinsend hielt sie mir den Schnappschuss hin: »Schau dir mal dein Gesicht an!« Zufrieden stöpselte sie ihr Gerät in die Steckdose, um es aufzuladen. »Super. Das Bild kannst du gleich als neues Profilfoto auf *ON* verwenden.«

Oh Mann, das hättest du sehen müssen: Passend zu den hektischen roten Flecken in meinem geschockten Gesicht leuchtete im Hintergrund mein Stoffhase in schönstem Rosa.

Dann klingelten die Jungs.

Mathe mit Ivo und Eddi

Vermutlich gibt es an jeder Schule diesen einen unglaublichen Schüler, der einfach in jedem Fach den absoluten Durchblick hat. Ihm leuchten selbst die kompliziertesten Dinge ein und oft verblüfft er sogar die Lehrer mit seinem Expertenwissen.

Bei uns hieß dieses Universalgenie Ivo Zlivac. Der 13-Jährige war praktisch Google auf zwei Beinen, was ihn aber nicht unbedingt beliebt machte. Die meisten Mädchen unserer Klasse ignorierten ihn mehr oder weniger, obwohl er an sich ganz okay aussah: dunkle Haare, nicht gerade groß, dafür jedoch durchtrainiert. Denn Ivo spielte Fußball im Nachwuchsverein von Hertha. Mehr Freunde brachte ihm das trotzdem nicht ein. Höchstens mit Eddi ging er ab und zu ins Kino. Er blieb nun mal ein waschechter Nerd ohne jeglichen Sinn für Humor, der immer alles einen Tick zu ernst nahm.

Sicher kannst du dir vorstellen, dass es mir nicht leichtgefallen war, Ivo wegen der Mathenachhilfe zu fragen. Und dann auch noch persönlich, weil er sich schon aus Prinzip so Dingen wie *ON* und anderen sozialen Netzwerken komplett verweigerte. Erstens hatte ich bisher noch nie wirklich mit ihm geredet und zweitens wirkte sein Gesicht oft so ausdruckslos, dass es mich völlig verunsicherte. Ivo hatte mich eine Weile mit seinen dunklen Augen angesehen, die Lippen stumm aufeinandergepresst, bis sie ganz weiß wurden, und dann schließlich genickt. Du wirst lachen, aber so sah wirklich unser allererstes ›Gespräch‹ aus.

»Lasst uns lieber gleich anfangen«, drängelte Ivo sofort, als er mit Eddi mein Zimmer betrat. Er stellte seinen Rucksack und seine Sporttasche ab. »Ich habe nur wenig Zeit und muss nachher noch zum Training.«

»Keine Sorge, meine Damen.« Eddi zog seine rote Kappe vor uns und machte dazu eine affige Verbeugung, wobei ihm seine dunkelblonden Haare ins Gesicht fielen. »Mein Topmodel-Körper steht euch den ganzen Tag zur Verfügung.« Damit zog er sein grünes Totenkopf-T-Shirt bis zum Nabel hoch und streckte seinen an sich flachen Bauch zu einer unglaublichen Kugel heraus.

»Eddi«, stöhnte ich, »das ist voll peinlich!« Kaum zu glauben, dass wir beide gleich alt waren.

»Das ist nicht peinlich«, widersprach er strahlend, »sondern mein durchtrainierter Waschbärbauch.«

Eddi machte immer so seltsame Wortspiele. Er sagte zum Beispiel »Lötzinn« statt »Blödsinn« oder »Kakerlakak« statt »Papperlapapp«. Obwohl das eigentlich überhaupt nicht witzig war, lachte er sich dann über seine eigenen Sprüche kaputt – und das steckte an. Mich zumindest. Jana dagegen schenkte ihm keinerlei Beachtung. Vielleicht, weil sie seinen speziellen Humor noch nicht so gut verstand. Na ja, ich hatte dafür auch eine ganze Weile gebraucht und wurde sogar heute noch nicht immer aus ihm oder seinen merkwürdigen Scherzen schlau.

Zum Beispiel ging Eddi nie ohne seine riesigen, orangefarbenen Kopfhörer aus dem Haus. Darum wollte ich einmal von ihm wissen, was er so für Musik hörte.

Eddi: »Coole Musik.«

Ich: »Na toll. Und was ist coole Musik?«

Eddi: »Na, Musik, die ich höre.«

Und dann hatte er gegrinst. Unwiderstehlich gegrinst. Falls du verstehst, was ich meine.

So viel kann ich schon mal verraten: Ich mag Eddi.

Ich hatte ihn gleich nach Jana auf ON angeschrieben. Dort postete er ausschließlich Cartoons oder legte mit einem Comic-Programm irgendwelchen Leuten schräge Sprechblasen in den Mund.

Also gut, ich will absolut ehrlich zu dir sein: Eigentlich war die Mathegruppe für Jana bloß ein Vorwand, um mehr Zeit mit Eddi verbringen zu können. Damit er das nicht sofort durchschaute, musste eben noch Ivo mit. Ich hatte Eddi allerdings schon vorher auf ON gefragt, ob er unserer ›Mathegruppe‹ beitreten wolle. Denn obwohl er auf den ersten Blick wie ein unreifer Klassenkasper rüberkam, waren seine Noten gar nicht so übel. So weit mein ausgeklügelter Plan. Bloß schien mir leider eine winzige Kleinigkeit entgangen zu sein:

Eddi stand auf Jana. Sogar auf *ON* war er bereits vor mir mit ihr befreundet gewesen. Aber bis mir aufging, dass er in der Schule immer wegen ihr und nicht wegen mir in der Nähe unseres Tisches herumhing, war es schon zu spät.

Jetzt schleuderte er seinen Rucksack quer über den Boden, so dass er durchs Zimmer schlitterte, bis er von meinem Bett gebremst wurde. Meinen peinlichen Hasen hatte ich gerade noch rechtzeitig unter das Kissen gestopft. Nur Jana hätte mich verraten können und genau in diesem Moment hielt sie uns allen ihr iPhone entgegen.

»Leute«, rief sie mit leuchtenden Augen und wurde in ihrer Begeisterung allein vom zu kurzen Stromkabel gebremst. »Das müsst ihr euch unbedingt ansehen.«

Aus ON wird *ON SHOW*

»Das glaubt ihr nie!«, platzte es aus Jana heraus. »Die machen jetzt eine eigene Fernsehsendung im Internet!«

»Wer *die*?«, hakte ich rasch nach, damit bloß nicht doch noch mein Stoffhase zur Sprache kam.

»*ON* natürlich«, klärte sie uns auf. »Hab ich's doch gleich gewusst, dass etwas an den Gerüchten dran ist.«

Typisch Jana. Niemand besaß so ein unglaubliches Spezialwissen zu *ON* wie sie.

Wer nutzte alle Funktionen auf *ON*?

Jana.

Wer probierte immer die allerneuesten Funktionen auf *ON* aus?

Jana. Jana.

Wer konnte praktisch über nichts anderes mehr reden als über *ON*?

Jana. Jana. Jana.

Dabei kannte ihr Eifer keine Grenzen. Einmal hatte sie allen Ernstes unseren Klassenlehrer Dr. Archibald gefragt, ob er nicht in Zukunft seine Hausaufgaben über *ON* aufgeben könne. Und als er ablehnte, versuchte sie ihn auf SMS herunterzuhandeln. Natürlich vergeblich. Als Klassenlehrer ist Doc Archibald wirklich okay. Aber seinen Computer nutzt er anscheinend nur zum Schreiben, mit dem Internet kennt er sich jedenfalls nicht aus.

»Aus *ON* wird jetzt *ON SHOW*«, fuhr Jana fort. »Die ändern ihren Namen und werden noch cooler. Oder habt ihr schon von einem sozialen Netzwerk mit eigener Online-Show gehört?« Jana wartete unsere Antwort erst gar nicht ab. »Die machen weltweit in fast jedem Land ein Casting und wollen schon in drei Monaten auf Sendung gehen. Nur für Mitglieder!«

Sie verschränkte die Arme und klemmte dabei ihre langen, klimpernden Ketten ein. »Und jetzt ratet mal, wer in Deutschland der Star-Moderator der *ON SHOW* wird!«

Ratlos sah ich Ivo an, der bereits seine Mathesachen auspackte und auf mein Bett legte.

»Sponge Bob«, rief Eddi und lachte über seinen Einfall.

Jana überhörte ihn einfach. »Na ich!«, verkündete sie. »Wer denn sonst?!«

Für einige Sekunden verschlug es uns die Sprache. Mein Lächeln fror ein und selbst Eddi und Ivo blieben die Münder offen stehen.

»Wie sind die denn ausgerechnet auf dich gekommen?«, wollte ich wissen.

Jana schaute mich mit ihrem Du-Dummerchen-Blick an. »Noch gar nicht, Schätzchen.« Sie zerrte an dem viel zu kurzen Aufladekabel und hielt ihr iPhone hoch. »*Ich* weiß zwar, dass Jana Superstar das neue Gesicht von *ON SHOW* wird, nur die von *ON SHOW* wissen es noch nicht.«

Ich lachte verblüfft. Ihr unglaublich großes Selbstvertrauen erstaunte mich immer wieder. Schon damals beim Anmelden auf *ON* war ich über ihren Nutzernamen »Jana Superstar« gestolpert. Bescheidenheit sah anders aus.

»Hä?« Eddi schaute sie unsicher an. »Wie jetzt? Verarschst du uns?«

»Nein.« Jana deutete auf ihr Handy. »Ich hab's zwar nur schnell überflogen, aber soweit ich das verstehe, darf sich jeder *ON*-Nutzer fürs Casting bewerben.« Sie drehte das Display, so gut es ging, zu uns. »Da steht's: *Du bist ON SHOW!*«

»Meinst du mich?!« Eddi grinste. »Bin dabei.«

»Und ich auch«, fügte ich hinzu. »Was müssen wir denn machen?«

»Ihr?« Jana winkte spöttisch ab. »Gar nichts. Überlasst einfach mir das Feld.« Laut las sie die Teilnahmebedingungen vor:

Post the Most: Gesucht wird der ON-SHOW-Nutzer, der im Netz das öffentlichste Leben führt, die meisten ON-SHOW-Freunde gewinnt und den größten Zuspruch der ON-SHOW-Mitglieder erhält.

Sie nickte uns triumphierend zu. »Also ich.« Dann fuhr sie fort:

Die ON-Community wird zur ON-SHOW-Community und entscheidet mit Hilfe der brandneuen ON-SHOW-Punkte, wer der heiße Star-Moderator der Web-TV-Sendung ON SHOW wird. Sammle Fans, sammle Punkte und vergiss nicht: Post the Most!

Jana flatterte aufgeregt mit der freien Hand herum, als hätte sie ihre Fingernägel frisch lackiert. »*Post the Most!*« kreischte sie begeistert. »Das wird bestimmt der totale Knaller!«

»*Post the Most?*«, entgegnete Ivo trocken. »Das wird bestimmt der totale Beschiss.«

Und?! Habe ich es nicht gesagt? Ivo ist und bleibt einfach eine echte Spaßbremse.

Jana wurde auf der Stelle stocksauer. »Woher willst ausgerechnet du das denn wissen?«, fragte sie ihn gereizt. »Du bist doch nicht mal angemeldet!«

»Nur so ein Gefühl.« Ivo hob die Hefte hoch. »Fangen wir jetzt mit Mathe an?«

»Hey Jana«, meinte Eddi versöhnlich. »Lass dir nicht von Ivo die gute Laune verderben. Wir sind jedenfalls dabei. Stimmt's, Karotte?«

Normalerweise ärgerte es mich total, wenn mich Eddi »Karotte« nannte, aber gerade jetzt war ich von der Idee, bei der *ON SHOW* mitzumachen, viel zu begeistert. »Vielleicht gewinnen wir ja alle zusammen«, rief ich, »und wir drei werden die Star-Moderatoren!«

»Wie denn?«, fragte Jana leicht genervt, als wollten wir ihr nur den Thron streitig machen. »Ihr habt ja nicht einmal ein iPhone. Wer das öffentlichste Leben führen will, braucht nun mal so ein Gerät«, belehrte sie uns. »Es ist wie ein digitales Tagebuch, das du ständig und überall einsetzen kannst. Einfach die Kamera draufhalten, Texte tippen, posten, fertig. Sonst habt ihr doch sowieso nicht die geringste Chance.«

Jana hatte Recht. Mit meinem alten Gurkenhandy würde ich keinen Blumentopf gewinnen. Von meinen Eltern war in dieser Hinsicht auch nichts zu erwarten, schon gar nicht, nachdem sie mir das alte Notebook überlassen hatten. Mein Vater fand sowieso, dass ich viel zu viel Zeit im Internet verbrachte. Der sollte erst mal Jana sehen! Die postete vermutlich sogar noch im Schlaf weiter. Und Geld besaß ich blöderweise auch keins mehr. Bei der Renovierungsaktion hatte ich mir gerade zwei Magnetwände bei IKEA gekauft. Der Rest war für Süßigkeiten, Zeitschriften und eben so Kleinkram draufgegangen. Ja, ich weiß schon, ich müsste mal dringend mit dem Sparen anfangen. Aber irgendwie klappt das einfach nie.

»Ich habe ja nicht einmal ein Handy«, gestand Eddi zerknirscht.

Jana wies auf den fetten Kopfhörer, der um Eddis Hals lag. »Und womit hörst du dann die ganze Zeit Musik?«

Verschämt zog er ein feuerzeuggroßes Ding aus seiner Hosentasche: »Mit meinem MP3-Player.«

»Wie jetzt! Du hast gar kein Handy?«, staunte Jana. »Auch noch nie eins besessen?!«

Offensichtlich war es ihr ein absolutes Rätsel, wie jemand auch nur einen einzigen Tag ohne iPhone überleben konnte.

»Doch«, antwortete er knapp. »So ein stinknormales. Das

hab ich bloß verloren.« Er grinste breit. »Aber denk nur nicht, dass ich mich von solchen Kleinigkeiten aufhalten lasse. Meine Eltern haben mir schließlich auch ON verboten und ich mache es trotzdem. Und im Kontakteknüpfen bin ich sowieso Weltmeister.« Eddi lüftete kurz seine Kappe. »Schließen wir einen Pakt«, schlug er vor. »Wir drei wollen immer zusammenhalten und uns immer gegenseitig Punkte geben. Ganz gleich, was der andere postet.«

»Gute Idee«, befand Jana. »Also, falls ihr das irgendwie schafft. Wenn aber doch nur einer gewinnen kann oder einer von uns aufgibt, müssen die anderen demjenigen mit den besten Gewinnchancen ihre Punkte abtreten. Einverstanden?«

»Abgemacht«, sagte Eddi und hielt die Hand in die Mitte. »*Post the Most!*«

»*Post the Most!*«, schlugen Jana und ich ein.

Erwartungsvoll sahen wir zu Ivo. Der presste wie so oft die Lippen zusammen.

»Was ist?«, erkundigte sich Eddi. »Machst du jetzt mit?«

Ivo schüttelte den Kopf. »Leute, lasst mich da raus. Ich habe ein echt volles Programm. Schule und Fußball kosten mich sehr viel Zeit und Energie.«

»Ja, und?« Jana befreite ihre Hand aus Eddis Umklammerung. »Das Posten erledigst du doch praktisch nebenbei.«

»Das glaube ich kaum«, widersprach Ivo ernst. »Ich sehe es doch schon allein bei euch: ON verschlingt locker zwei Stunden am Tag. Mit ON SHOW und der neuen Punktejagd wird's sogar noch mehr. Und das ist es mir nicht wert. Also was ist? Wollen wir jetzt Mathe üben oder was?«

»POSTE VIEL, POSTE ALLES«

Weißt du, was am Anfang mein größtes Problem auf *ON* beziehungsweise *ON SHOW* war? Ich hatte einfach viel zu wenige Freunde. Von der Sammelleidenschaft gepackt verbrachte ich Stunde um Stunde im Internet, auf der Jagd nach neuen Kontakten. Das fiel mir wahnsinnig leicht, weil sich ja die halbe Welt und vor allem die ganze Weizenbaum-Gesamtschule im großen *ON-SHOW*-Fieber befand: Jeder der über 800 Schüler addete einfach jeden. Bis auf das Universalgenie Ivo hatte ich unsere gesamte Klasse zu meinen Freunden gemacht – und sie mich. Dazu kamen unsere Parallelklasse und ein paar Schüler aus den höheren Stufen. Ich ging sogar noch einen Schritt weiter und gab im Suchfenster die Namen all unserer Lehrer ein. Doch einzig unsere junge, neue Kunstlehrerin Frau Olthoff fand ich noch auf *ON SHOW*. Das wunderte mich nicht. Schließlich war sie eine echte Ausnahmeerscheinung an unserer Schule: Zum Beispiel durften wir alle »Sabine« und »du« zu ihr sagen und allein ihr war zu verdanken, dass wir eine Klassenreise nach Paris planten, um dort den Louvre und seine Kunstwerke zu besuchen. Sabine hatte meine Anfrage mit den Worten »Gerne, Karo. Schön, dass wir uns auch hier sehen« sofort akzeptiert.

Bald konnte ich an nichts anderes mehr denken, als immerzu meinen Freundeskreis zu erweitern. Nichts schien mir zu peinlich. Ich schrieb sogar die Bekannten meiner Eltern und deren Kinder und auch noch meinen Kinderarzt an.

So kam ich bald auf stolze 302 Freunde. Doch irgendwann klickte ich mich noch mal durch Eddis Profilseite. Obwohl er nur heimlich ins Internet gehen konnte, hatte er in kürzester Zeit schon über 600 Freunde gesammelt! Aber Jana hängte uns beide mit ihren mittlerweile 1358 Freunden natürlich weit ab. Als ich das sah, verließ mich beinah der Mut.

Ich musste mir dringend etwas einfallen lassen. Dann kam von Jana der entscheidende Tipp. »Unter uns«, raunte sie mir im Englisch-Unterricht zu, »mit diesem Profilbild wirst du weder genügend Freunde noch Punkte gewinnen.«

Zuerst war ich tief gekränkt. Aber als ich zu Hause in Ruhe meine Seite aufrief, erkannte ich, dass sie Recht hatte. Jetzt rächte es sich, dass ich es damals bei meiner Anmeldung auf ON so eilig gehabt hatte. Für diese grauenvolle Aufnahme gab es ja nicht mal Mitleidspunkte.

Erstens machte mein Handy nur unscharfe Bilder, so als ob es dringend eine Brille bräuchte. Zweitens hatte ich mich blöderweise von unten geknipst. Dadurch wirkten mein Kinn und mein Mund überdimensional größer als der Rest meines Kopfes. Drittens grinste ich mit offenem Mund und gab die Sicht auf meine Zahnspange frei. Ich brauchte logischerweise dringend ein neues Foto. Mein Handy konnte ich vergessen, das alte Notebook besaß keine Kamera und Jana wollte ich auf keinen Fall fragen, weil mir das irgendwie zu peinlich war.

Es gab nur eine Lösung: Ich musste mir klammheimlich den Apparat meines Vaters borgen. Der besaß eine sauteure digitale Spiegelreflexkamera, die niemand außer ihm anfassen durfte.

Ich blickte kurz auf die Uhr. Meine Mutter war noch bei

der Arbeit im Bürgeramt und mein Vater kam sowieso erst später aus dem Büro. Ich hatte also genug Zeit, um ungestört die Kamera für ein kleines Fotoshooting aus dem Schrank zu holen.

Nachdem ich so zehn bis zwölf Bilder mit Selbstauslöser aufgenommen und kritisch auf dem Display betrachtet hatte, wurde mir klar, dass irgendetwas fehlte. Nur was? Ich loggte mich auf ON SHOW ein und betrachtete noch einmal Janas Profilbild. Darauf wirkte sie wie eine 20-Jährige. Sie sah richtig sexy aus, trug eine Sonnenbrille und ihre blonden Haare verdeckten einen Teil des Gesichts – sie wirkte wie ein echter Star. Tja, dachte ich neidisch, es ist eben von Vorteil, wenn dein Vater Besitzer einer Profi-Fotoagentur ist.

Dann kapierte ich endlich: Ich musste mich erst stylen!

Also begab ich mich ins Bad und inspizierte die gesammelte Make-up-Abteilung meiner Mutter. Mehr als Wimperntusche und Lipgloss hatte ich bis zu diesem Zeitpunkt nie benutzt, aber ich legte einfach munter drauflos. Nach einer halben Stunde kam ich frisch geschminkt und frisiert aus dem Bad, zog meine blaue Lieblingsbluse über und machte neue Bilder. Ich probierte alle möglichen Posen aus, übertrug anschließend die Fotos auf mein Notebook und lud das beste als neues Profilbild hoch. Ja, das sah doch schon ganz anders aus! Damit ging ich ebenfalls locker als 20 durch. Mindestens.

Anschließend löschte ich alles auf der SD-Karte, wischte verräterische Fingerabdrücke vom Display, brachte die Kamera an ihren Platz zurück und zog mich wieder um. Mein Vater würde niemals von der Sache Wind bekommen. Später beim Abendessen starrte er mich eine Weile verdutzt an.

»Deine Mutter«, sagte er schließlich und warf ihr einen verschwörerischen Blick zu, »hat mir gar nicht gesagt, dass Zirkus Krone gerade in der Stadt gastiert.«

Autsch! Ich hatte vollkommen vergessen mich abzuschminken. Nur war mir das in diesem Moment total egal. Ich freute mich viel zu sehr auf die Reaktionen meiner *ON-SHOW* Freunde zu meinem neuen Profilbild. Jana würde Augen machen. Und anscheinend funktionierte es tatsächlich: Für mein Foto erhielt ich jede Menge Punkte und viele aufmunternde Kommentare. Selbst von unserer Kunstlehrerin Sabine Olthoff. Auch die Freunde meiner Freunde und deren Freunde wurden jetzt auf mich aufmerksam und addeten mich. Vor Aufregung bekam ich kaum ein Auge zu und schaute bis Mitternacht immer wieder heimlich auf mein Notebook.

Die Punktejagd konnte beginnen!

Stell dich nicht so an

Gleich am nächsten Morgen öffnete ich noch im Schlafanzug meinen Laptop. Über Nacht hatte ich 294 neue Freundschaftsanfragen erhalten! Ich konnte es kaum fassen und jubelte leise in mich hinein. Wo kamen die auf einmal alle her? Niemals hätte ich damit gerechnet, dass mein neues Profilbild so einschlagen könnte. Meine Mutter rief mich bereits zum Frühstück, darum bestätigte ich einfach blind alle Anfragen. Nur brach damit das absolute Chaos aus: Da ständig jemand von meinen vielen neuen Freunden etwas postete, sprudelten die Meldungen jetzt praktisch im Sekundentakt herein –

ein endloser Strom an Nachrichten, Fotos und Videos. Wann sollte ich das denn alles lesen und ansehen? Das war unmöglich zu schaffen. Meine *ON-SHOW*-Seite wurde mit einem Mal so unübersichtlich, dass ich weder etwas von Jana noch von Eddi oder anderen Klassenkameraden entdecken konnte.

Versteh mich bitte nicht falsch: Ich fand es wahnsinnig aufregend und interessant, wie durch ein Guckloch in das Privatleben von Menschen zu schauen, die ich eigentlich überhaupt nicht kannte. Doch es waren mir schlichtweg zu viele. Viel zu viele.

Mir blieb keine Zeit mehr, aber ich wollte wenigstens noch einen kurzen Blick auf Janas Pinnwand werfen. Ich musste zugeben, dass sie wirklich extrem fleißig war. Jana postete unermüdlich. Rasch überflog ich ihre Einträge und fragte mich noch, wer sich denn für ihre frisch lackierten Fingernägel oder ihre neusten Ohrringe interessieren sollte – da traf mich der Schlag: Jana hatte das Foto von mir und meinem Stoffhasen online gestellt und darunter *Karo will doch nur kuscheln* geschrieben.

Und ich konnte überhaupt nichts dagegen tun! Bis heute gibt es ja auf *ON SHOW* keine richtige Löschfunktion.

Schlagartig wurde mir schlecht. Und dann noch all die hämischen Kommentare! Sogar von Eddi, diesem Schwachkopf.

Janas Verrat traf mich so tief, dass ich beim Frühstück keinen Bissen herunterbekam. Meine Mutter machte sich schon Sorgen und wollte mich zu Hause behalten. Eigentlich wäre mir das ganz recht gewesen, denn ein Teil von mir hätte sich am liebsten für die nächsten zehn Jahre unter der Bettdecke verkrochen. Dann raffte sich der andere Teil aber doch auf und in der Schule stellte ich Jana noch im Treppenhaus zur Rede. Eddi scharwenzelte die ganze Zeit um sie herum, doch ich war viel zu wütend, um darauf Rücksicht zu nehmen. Ich ließ ganz schön Dampf ab, das kannst du mir glauben.

Meinst du vielleicht, sie hätte sich für das Hasenfoto entschuldigt? Nein. Jana gab sich völlig unbeeindruckt. »Hey, bleib cool«, versuchte sie mich zu beschwichtigen. »Das ist doch voll witzig.«

»Überhaupt nicht«, regte ich mich lauthals auf, woraufhin sich andere Schüler nach uns umdrehten. »Voll fies trifft es eher!«

»Ach was«, winkte Jana ab, wobei ihre Armreifen klapperten. »Ich weiß gar nicht, was du hast, Karo. Eigentlich müsstest du mir sogar dankbar sein.«

»Dankbar?«, rief ich erbost. »Etwa dafür, dass du mich vor meinen Freunden und unzähligen Fremden lächerlich machst?!«

»Ach Schätzchen«, meinte sie von oben herab. »Du musst mal runterkommen und die ganze Sache mit dem nötigen Abstand betrachten. Ich habe eigentlich nur Werbung für dich gemacht. Das supersüße Häschenfoto ist doch der totale Hit. Es würde mich nicht wundern, wenn du dadurch noch mehr Freunde gewonnen hättest.«

Ich stutzte. Die 300 Freundschaftsanfragen! So langsam dämmerte es mir. »Dann haben diese vielen Freunde gar nichts mit meinem neuen Profilbild zu tun?«

»Du hast ein neues Bild reingestellt?«, wunderte sich Jana und zückte ihr iPhone. »Das habe ich noch gar nicht bemerkt. Auf dich sind jedenfalls bloß so viele Leute aufmerksam geworden, weil Jana Superstar das Hasenbild mit deinem Namen verknüpft hat.« Sie tippte auf dem Display herum und zog mit zwei Fingern mein Foto größer. »Respekt«, sagte sie anerkennend. »Schaust super aus. Und wie ich sehe, hast du jetzt schon über 700 Freunde.«

700 Freunde?! Das hatte ich noch gar nicht mitbekommen.

»Du musst natürlich wissen, dass ich das alles nicht ganz uneigennützig gemacht habe«, eröffnete mir Jana. Sie hielt mir ihr iPhone unter die Nase. Die Aufnahme mit meinem Kuschelhasen war inzwischen hundertfach geteilt worden und hatte ihr jede Menge *ON-SHOW*-Punkte eingebracht.

Die Schulglocke läutete und ich wusste gar nicht mehr, was ich denken oder sagen sollte. Vielleicht hätte ich mich ja tatsächlich freuen müssen. Stattdessen fühlte ich immer noch diese ohnmächtige Wut in mir.

Eddi drängte sich zwischen uns und hielt sich eine Plastikflasche Cola an die Wange, wobei er seine rote Kappe verschob. »Kuschel, kuschel«, rief er und lachte blöd. Nur fand ich das überhaupt nicht komisch.

Ich weiß auch nicht mehr genau, was mich in diesem Moment geritten hat, aber ich schlug ihm einfach die Flasche aus der Hand. Das muss so was wie ein Reflex gewesen sein. Die Cola jedenfalls fiel zu Boden und purzelte kopfüber die Treppe hinunter.

»Sag mal, spinnst du?«, schrie Eddi und sprang seiner Flasche hinterher.

»Jetzt hör mir mal gut zu, Karo.« Jana stemmte die Hände in die Hüften. »Wenn du die Sache mit *ON SHOW* ernsthaft durchziehen willst, musst du über solchen Kleinigkeiten drüberstehen. Ein guter Moderator braucht nun mal ein dickes Fell. Andernfalls …« Sie warf ihre blonden Haare zurück und lächelte vielsagend. »Andernfalls kannst du jetzt auch aufgeben und mir gleich deine Punkte übertragen. Wenn du keine Lust mehr auf den Wettbewerb hast, musst du es nur sagen.«

»Auf keinen Fall!«, bellte ich. Aufgeben kam natürlich nicht in Frage.

Jana tätschelte mich. »So gefällst du mir schon besser. Mach's doch wie ich: *Post the Most!* Poste und teile gnadenlos alles. Nur das bringt Punkte. Und davon hast du eindeutig zu wenig.«

»Ich weiß«, seufzte ich ratlos. »Mir fällt eben nichts Gutes ein.«

Sie wies mit dem Kopf auf Eddi, der gerade auf dem unteren Treppenabsatz vorsichtig seine Flasche öffnete. Doch nicht vorsichtig genug: Eine riesige, hellbraune Schaumfontäne schoss in die Höhe. Und obwohl er die Cola auf der Stelle wieder zudrehte, war es bereits zu spät. Das ganze Zeug war ihm ins Gesicht und über die Klamotten bis an die Treppenhauswand gespritzt. Jana hatte geistesgegenwärtig alles mit ihrem iPhone gefilmt und tippte anschließend etwas darin ein. »So«, meinte sie zufrieden. »Ich hab dir das Video als kleine Wiedergutmachung gemailt. Du kannst es nach der Schule unter deinem Namen posten. Wieder Freunde?«

Ivo machte einen übertrieben großen Bogen um Eddi und trat zu uns. »Ist morgen wieder Mathe?«

»Ja, klar«, antwortete ich. »Besser ist es. Nächste Woche schreiben wir einen Test.«

»Okay, dann um vier. Diesmal bei dir, Jana?«, fragte er.

Jana ließ den Blick nicht von ihrem iPhone. »Bei mir geht's nicht«, erklärte sie. »Morgen wird unser Pool repariert. Wenn so viele Handwerker im Haus sind, haben wir keine Ruhe.«

»Dann treffen wir uns eben wieder bei mir«, schlug ich vor. Die Schulglocke läutete zum zweiten Mal.

Meine ersten 1000 Freunde

Das Video mit Eddis Colaflasche schlug auf *ON SHOW* wie eine Bombe ein. Mein Punktestand kletterte immer höher und höher. *Kleiner Colabär* wurde so oft geteilt und ich bekam so viele neue Anfragen, dass ich bald mehr Freunde hatte als Eddi. Am nächsten Tag trug ich ein Dauergrinsen im Gesicht, ohne dabei ein einziges Mal an meine Zahnspange zu denken. Mein Glücksgefühl war auf jeden Fall wesentlich stärker als mein schlechtes Gewissen. Jana hatte vollkommen Recht: Wenn ich ernsthaft Moderatorin bei *ON SHOW* werden wollte, durfte ich nicht zimperlich sein.

Aber zu meiner Überraschung wurde Eddi in der Schule gar nicht ausgelacht. Im Gegenteil: Der Film schien ihn irgendwie noch beliebter zu machen und er stand für eine Weile im Mittelpunkt. Manche Schüler jubelten ihm zu, andere klopften ihm sogar anerkennend auf die Schulter. Seine eigene Reaktion verblüffte mich am meisten: Eddi grinste verlegen, bedankte sich mit einem bescheidenen Nicken und tat, als sei der Film seine eigene Idee gewesen. Wer weiß, vielleicht machte ihm das Video tatsächlich nicht so viel aus oder kam ihm sogar gelegen. Schließlich kassierte er ebenfalls reichlich Punkte, seitdem ich das Filmchen mit seinem Namen verlinkt hatte. Also hielt ich mich an die Abmachung, dass wir uns gegenseitig unterstützen wollten. Ansonsten hörte ich auf Jana: posten und teilen, posten und teilen, posten und teilen.

Trotzdem hatte ich keine Ahnung, ob Eddi sauer auf mich war, und fragen wollte ich ihn lieber nicht. Ich vermied es, ihm direkt ins Gesicht zu schauen, doch er würdigte mich ohnehin keines Blickes. Er kam auch nicht am Nachmittag zu unserem verabredeten Mathetreffen, was mich schon irgendwie enttäuschte.

Wir saßen zu dritt in meinem Zimmer auf dem Boden. Ivo hatte den Stoff der nächsten Arbeit auf dem Teppich ausgebreitet, schrieb eine Probeaufgabe auf einen Block und rechnete uns dann die einzelnen Schritte vor. Ich wollte mir bloß ein Radiergummi vom Schreibtisch holen, als mein Blick an meinem eingeschalteten Notebook hängenblieb: Schon wieder eine Riesenzahl neuer Freundschaftsanfragen. Damit knackte ich locker die 1000er-Marke! Und es wurden immer noch mehr. Dann flatterte eine Einladung herein. Unsere Kunstlehrerin Sabine Olthoff wollte am Wochenende ihr neues Atelier einweihen und lud über ON SHOW all ihre Freunde ein. Auch mich. War das nicht toll? Es stimmte schon: ON SHOW brachte die Menschen stärker zusammen. Noch nie zuvor in meinem Leben hatte mich ein Lehrer zu sich eingeladen.

»Sagt mal«, unterbrach Ivo recht ungehalten meine Gedanken. »Wollt ihr zwei mich eigentlich auf den Arm nehmen?«

»Was?!« Ich drehte mich ruckartig zu den beiden um. »Wieso?«

Ivo sah ganz schön geladen aus. »Ich erkläre euch gerade haarklein das ganze Zeug und du sitzt nur an deinem Computer, während Jana es nicht einmal für ein paar Sekunden schafft, ihr iPhone zur Seite zu legen.«

Tatsächlich hielt Jana ihr Smartphone umklammert, als sei es mit ihrer Hand verwachsen.

Rasch setzte ich mich wieder zu den beiden. »Sorry, Ivo«, entschuldigte ich mich kleinlaut. »Kommt nicht wieder vor.«

»Ernsthaft, Jana.« Er wies auf das Gerät in der rosa Schutzhülle. »Wenn du jetzt nicht sofort das blöde Ding einsteckst, bin ich weg.«

»Hey«, flötete sie, »cool bleiben. Ich nutze doch nur die Taschenrechnerfunktion.«

»Wer's glaubt«, erwiderte Ivo entnervt. »Ich mache die Mathenachhilfe nur für euch. Damit ihr's wisst: Ich habe noch andere Dinge zu tun. Sagt es einfach, wenn euch euer *ON-SHOW*-Scheiß wichtiger ist.«

»Das ist kein Scheiß!« Jana sprang auf. »Mathe ist wichtig, aber *ON SHOW* auch. Nur weil du nicht dabei sein willst, musst du noch lange nicht andere deshalb runtermachen.«

Oje, dachte ich. Das war's jetzt, Ivo packt schnurstracks sein Zeug zusammen. Stattdessen blieb er seelenruhig sitzen. »Ich möchte wirklich nicht dabei sein«, erklärte er. »Dieses *ON-SHOW*-Fieber hat die ganze Schule wie ein verdammtes Grippevirus befallen. Wenn du mich fragst, ist das die reinste Gehirnwäsche.«

»Dich fragt aber keiner«, rief Jana aufgebracht und rammte ihren Absatz in meinen neuen Teppich. Ich ging schleunigst dazwischen, bevor sich der Streit noch weiter zuspitzte: »Was soll denn bitte am Freundegewinnen falsch sein? Das ist doch eigentlich was Gutes.«

»Wie viele Freunde hast du denn?«, fragte Ivo. Es klang höhnisch.

»Über 1000«, antwortete ich betont langsam. »Und du?«

»Ich habe meine Freunde noch nie gezählt und werde es auch nicht tun«, antwortete er. »Das sind jedenfalls alles Menschen, die ich persönlich kenne und auf die ich mich 100-prozentig verlassen kann. Das ist doch viel wichtiger.«

»Okay«, sagte Jana in einem plötzlich freundlicheren Tonfall und verschränkte die Arme. »Solange du etwas kritisierst, das du nicht wirklich kennst, hast du nur Vorurteile. Warum meldest du dich nicht schnell an, bestätigst mich kurz als Freund und schaust dir die Sache in Ruhe an? Was sagst du?«

»Dass du mich nicht verstehst!« Ivo kratzte sich am Kopf. »Hast du mir nicht zugehört? Richtige Freundschaften funktionieren so nicht.«

Zum Glück unterbrach in dem Moment die Türklingel den Streit. Und wer schneite supergut gelaunt herein? Richtig: Eddi. Mit orangefarbenem Kopfhörer, roter Kappe und einem fetten Lächeln im Gesicht. Zu meiner Erleichterung schien er gar nicht böse auf mich zu sein.

»Ich hab ihn!«, rief er freudestrahlend und reckte triumphierend eine knisternde Plastiktüte in die Höhe. »Ich hab ihn!«

»Wen denn?«, wollte ich wissen.

Er fuhr sich mit dem Ärmel über die Nase und kramte ein kleines Kästchen aus seinem Beutel. »Meinen iPod touch! Gerade frisch erstanden.« Er wandte sich an Jana. »Kann alles, was dein iPhone kann. Nur ohne telefonieren.«

»Ist ja super«, gratulierte sie ihm und setzte sich wieder auf den Teppich. »Willkommen im Klub.«

Meiner Meinung nach war es das erste Mal, dass sie das Wort direkt an Eddi gerichtet und ihn nicht wie üblich ignoriert hatte.

Er ließ sich gleich neben ihr nieder. »Ab sofort mache ich meine eigenen Fotos und Filme. Aber pst!, kein Wort zu meinen Eltern. Wo wollen wir anfangen?«

Ich musste nicht lange überlegen. »Sabine hat mich am Samstag zu ihrer Party eingeladen«, erzählte ich. »Da gibt es sicherlich reichlich Gelegenheit für komische Aufnahmen.«

»Sabine?«, wunderte sich Eddi. »Welche Sabine denn?«

»Na unsere Kunstlehrerin«, klärte ihn Jana auf und wies auf ihr iPhone. »Sie weiht ihr neues Atelier ein. Ich bin ebenfalls eingeladen.«

»Sabine ist auch mit dir befreundet?«, fragte ich einigermaßen verwirrt.

Jana sah mich mit ihrem Du-Dummerchen-Blick an. »Schätzchen«, sagte sie spöttisch. »Meinst du, ich schaue mir nicht ganz genau an, wen du so den lieben Tag lang addest?«

»Okay«, sagte Eddi. »Abgemacht. Dann gehen wir am Samstag alle zusammen zu der Party.«

»Kommst du mit?«, wollte ich Ivo fragen, der aber nicht mehr in seiner Ecke saß. »Wo steckt denn Ivo?«

»Vielleicht auf dem Klo?«, vermutete Eddi.

Ich stand auf, um nachzusehen. Die Badezimmertür stand offen: leer. Auch in der Küche keine Spur von ihm. Und seine Tasche war ebenfalls weg.

Wir müssen kreativer werden

Du kannst dir sicher meine Freude darüber vorstellen, dass Jana, Eddi und ich immer noch ein Team waren. Am Wochenende fuhren wir gemeinsam zu Sabine Olthoffs Party. Jana trug einen kurzen Rock, hohe Stiefel und ein Top mit Spaghetti-Trägern. Dagegen kam ich mir in meinen Jeans und einem stinknormalen T-Shirt zuerst richtig langweilig vor, dann aber dachte ich, dass Jana für eine gewöhnliche Gartenparty total overdressed war. Eddi konnte trotzdem nicht den Blick von ihr wenden.

In der stickigen S-Bahn erzählte Jana uns zum ersten Mal von *Gerd the Nerd*.

»Noch nie von gehört«, meinte Eddi und nahm seine rote Kappe ab. »Wer soll denn das sein?«

»Das«, sagte Jana betont langsam und wies auf ihr iPhone, »ist ab heute unser Feind Nummer eins auf *ON SHOW*.«

Feind?! Fragend blickten Eddi und ich uns an. Wir verstanden kein Wort.

»*Gerd the Nerd* stellt aus den Postings anderer *ON-SHOW*-Nutzer eine Art Best-of zusammen. Wer zu faul zum Blättern ist, schaut einfach bei ihm nach.«

»Und was ist daran so schlimm?«, fragte ich.

»Er postet nie etwas selbst und kassiert trotzdem reichlich Punkte.«

»Was für ein mieser Schmarotzer«, urteilte Eddi. »Trickst sich auf Kosten anderer durch.«

»Und zwar mit Erfolg«, fuhr Jana fort und strich sich die blonden Haare hinter die Ohren, was ihre riesigen, silbernen Kreolen besser zur Geltung brachte. »Der Kerl ist damit auf

Platz drei der *ON-SHOW*-Charts. Auf dem zweiten Platz steht ein gewisser Toni Roh mit echt heftigen Bildern und Videos, zum Beispiel von Pennern, die total verdreckt sind oder sich eingepinkelt haben. Aber auf Platz eins ist Michaela Kretschmer. Und zwar damit ...«

Ihr Zeigefinger tippte auf ein Video mit kleinen Katzenbabys, die hilflos durch die Gegend stolperten und dabei fiepsige Töne von sich gaben.

»Sind die niedlich!«, entfuhr es mir verzückt.

»Tja, Karo, das denken auch die vielen anderen Menschen, die ihr so viele Punkte dafür gegeben haben.«

»Auf welchem Platz sind wir eigentlich?«, wollte Eddi wissen.

Jana seufzte. »Ich dümple auf Rang 39 300 oder so herum. Und das ist immer noch mit Abstand weit vor euch beiden Nieten.«

Eddie sank auf der S-Bahn-Bank in sich zusammen. »Wir haben also nicht den leisesten Hauch einer Chance.«

»Das sehe ich anders«, erklärte Jana kampflustig. »Wir brauchen doch nur einfallsreicher zu sein als diese hirnlose Katzenbabyvideo-Tante oder Toni Roh mit seinen ekligen Aufnahmen. Ich meine, Leute, gegen so einen Schwachsinn können wir doch locker antreten. Wir müssen eben jetzt auf Sabines Party mal so richtig kreativ werden.«

»Und wie?«, fragte ich ein wenig lahm.

»Jeder zieht für sich los«, schwor sie uns wie ein Trainer vor einem großen Spiel ein. »Jeder bringt witzige oder verrückte Ergebnisse zurück – und dann: *Post the Most!*«

Rück mir endlich von der Pelle

Das Atelier musste mal eine alte Autowerkstatt gewesen sein, denn überall standen tür- und fensterlose Wracks herum. An einer Wand türmten sich schwarze Reifen in unglaubliche Höhen, daneben lag ein Haufen rostiger Metallteile.

»Schön, dass ihr gekommen seid«, begrüßte uns Sabine Olthoff herzlich. Unsere rothaarige Kunstlehrerin trug ein grünes Tunikakleid und führte uns zu einem langen Holztisch mit Kuchen, Broten und Salaten. »Nehmt euch, es ist reichlich da.« Dann wies sie zu einem weißen Zelt draußen im Hinterhof. »Links steht eine nichtalkoholische Waldmeister- bowle mit Erdbeeren. Sehr erfrischend bei diesen Temperaturen.«

Kaum war Sabine gegangen, um sich um neue Gäste zu kümmern, stopfte Eddi sich eine Handvoll belegter Mini- brote in den Mund. Als wäre er ein Schiffbrüchiger, der seit Wochen nichts mehr zu essen bekommen hatte. Noch kau- end pflückte er die Gurken und Radieschen-Verzierungen der anderen Häppchen herunter.

»Hör gefälligst auf, dich wie ein Maulwurf durch das ganze Büffet zu graben«, ermahnte ihn Jana. »Denk lieber daran, was ich euch vorhin gesagt habe. Wir müssen unseren Rang ver- bessern. Und zwar deutlich!«

Während sich Jana unter die Gäste mischte, schaffte es Eddi gerade mal zwei Meter weiter raus bis zum Grill. Dort schob er sich erst mal eine Bratwurst rein. Und dann gleich noch eine.

Und ich? Ich zog mit meiner neusten Errungenschaft los: einer kleinen, lila Digitalkamera für 49 Euro. Um sie zu bezahlen, hatte ich nicht nur alle meine Hosen- und Jacken-taschen durchsucht, sondern auch eine Wäsche unseres Autos auf mich genommen und dann freundlich um einen Vor-schuss auf mein Taschengeld gebeten. Die restlichen 20 Euro kamen von meiner Oma. Okay, der Apparat war zwar kein schicker iPod touch wie bei Eddi, aber immerhin besser als nichts.

Viele von Sabines Freunden schienen Künstler zu sein. Während wir mit leeren Händen gekommen waren, brach-ten sie zur Einweihung eigene Werke oder Wein mit. In dem großen, offenen Atelierraum standen außerdem riesige Stein-köpfe, die Sabine selbst gemacht hatte. Ich bestaunte die mas-siven Felsblöcke und Bildhauer-Werkzeuge. Kein Wunder, dass sie uns auf der Klassenreise den Louvre zeigen wollte. An einer Wand durften die Gäste einen Gruß hinterlassen. Wer Lust hatte, malte ein kleines Bild und schrieb seinen Namen dazu. Eine asiatisch aussehende Frau, die einen einsamen Wanderer skizziert hatte, drückte mir fröhlich ihren Pinsel in die Hand. Ich malte eine kleine Wiese mit Tieren, vergaß da-rüber die Zeit und schrieb in fetten Lettern Karo unter mein Kunstwerk. Erst dann fiel mir meine Mission wieder ein. In einer dunklen Ecke der Werkstatt knipste ich ein paar Molche und entdeckte eine vertrocknete Froschleiche. Jaja, ich weiß schon, was du sagen willst: Dafür würde ich keinen müden Punkt kassieren.

Als Nächstes sah ich mich in aller Ruhe draußen um. Mit-ten im Hof drehte sich ein elektrisch angetriebener Steinkopf auf einer etwa drei Meter hohen Säule langsam um sich selbst. Ganz in der Nähe stand ein Grüppchen Lehrer aus unserer

Schule und unterhielt sich angeregt miteinander. Darunter auch unser Französischlehrer Herr Schwertfeger, der Biolehrer Herr Bosack und unsere übergewichtige Religionslehrerin Frau Korbweiler. Sogar unser Klassenlehrer Dr. Archibald war mit seiner norwegischen Frau und den beiden Kindern gekommen. Nichts davon erschien mir besonders punktewürdig. Ratlos hielt ich nach Jana Ausschau und fand sie vor dem Getränkezelt. Sie rauchte eine Zigarette und sprach mit zwei Künstlertypen. Einer hatte einen langen Bart, der andere trug einen mexikanischen Strohhut. Zwei Schritte weiter beäugte Eddi das Grüppchen argwöhnisch, während er an einem Steakbrötchen knabberte.

»Du rauchst?«, fragte ich Jana erstaunt. »Da drüben stehen doch unsere Lehrer.«

»Und? Können die ruhig sehen.« Sie achtete demonstrativ auf den Boden. »Wir sind schließlich nicht in der Schule.« Sie winkte mich näher zu sich heran. »Kannst du mir einen winzigen Gefallen tun?«

»Klar«, sagte ich. »Was denn?«

Sie wies zu Eddi, dem gerade der Ketchup vom Brötchen auf das T-Shirt tropfte. »Kannst du mir diesen kleinen Stalker vom Hals schaffen? Der hängt mir die ganze Zeit am Rockzipfel.«

Ich nickte ernst und schlenderte wie beiläufig zu Eddi. »Na«, fragte ich. »Schon Erfolg gehabt?«

»Nein«, antwortete er und ließ Jana dabei keine Sekunde aus den Augen. »Aber eine Idee. Komm mal mit.«

Eddi führte mich zu einem Plumpsklohäuschen mit einem ausgesägten Herzchen in der Tür.

»Und?«, fragte ich misstrauisch. »Was wollen wir hier?«

»Abwarten.« Er grinste mich an, ließ dabei jedoch seinen Blick immer wieder zu Jana wandern, die sich inzwischen am Getränkestand nützlich machte und beim Ausschenken half. Das sah ihr in der Tat überhaupt nicht ähnlich.

»Worauf warten wir denn?«

»Wirst du schon sehen. Es ist das einzige Klo hier. Irgendwann wird schon mal jemand drauf müssen.«

War das wieder einer seiner Scherze? Eine Weile standen wir schweigend herum. Ich wusste auch nicht, was ich sagen sollte. Schließlich zeigte ich ihm meine Fotos mit den Tieren.

»Die sind cool«, sagte er anerkennend.

»Findest du wirklich?«

»Die Froschmumie jedenfalls. Für ON SHOW reicht's aber nicht.«

In diesem Moment huschte Frau Archibald an uns vorbei, um im Klohäuschen zu verschwinden. Eddi legte den Zeigefinger auf den Mund und hielt kurz seinen iPod vor das Herz.

»Bist du irre?«, wisperte ich. »Was machst du?«

»Na, ein Plumpsfoto«, flüsterte er zurück. »Nach was sieht's denn sonst aus?«

Kurz darauf kam die Gattin unseres Klassenlehrers wieder heraus, lächelte uns nichts ahnend zu und kehrte zum Lehrergrüppchen zurück.

»Das kannst du doch nicht bringen!«, beschwor ich Eddi eindringlich.

»Und wieso nicht? Das gibt massig Punkte, Karotte. Wirst schon sehen.«

»Nenn mich nicht so«, entgegnete ich verärgert. »Das bekommt Doc Archibald doch auf jeden Fall zu sehen. Und wenn du es unter eigenem Namen postest, fliegst du von der Schule!«

»Für den Sieg muss ich eben Opfer bringen«, erklärte er heroisch und steuerte wieder wie magnetisch angezogen in Richtung Getränkestand. »Mal hören, was unsere große Punktemeisterin dazu sagt.«

Jana stand alleine im Zelt und füllte mit einer Kelle Saftbowle aus einer riesigen Schüssel in weiße Plastikbecher.

»Du schon wieder«, knurrte sie Eddi an, der sich mit seinem iPod direkt neben sie stellte. »Wegen dir dreh ich noch langsam durch.«

»Ich weiß gar nicht, was du hast.« Er lächelte sie unsicher an. »Ich kann schließlich stehen, wo ich will. Das hier ist ein freies Schrottland.«

»Wir haben einen Plan, du verdammter Schwachkopf. Aber seitdem wir hier sind, klebst du nur die ganze Zeit wie so ein blödes Kaugummi an mir.«

»Was für ein Kaugummi?«

Jana runzelte die Stirn.

»Ich meine, welche Geschmacksrichtung hat es?« Eddi rückte noch näher an sie heran. »Zimt? Maracuja?«

»Treib's nicht zu weit«, herrschte sie ihn an und schubste ihn von sich weg. »Und rück mir endlich von der Pelle!«

Beleidigt tippte er sich zum Abschied an die Kappe und trottete davon.

»Diese Klette«, schimpfte Jana kopfschüttelnd und wischte sich mit der Hand den Schweiß von der Stirn. Dann wandte sie sich mir zu. »Und was ist mit dir?«

»Ich habe noch keinen einzigen guten Schnappschuss machen können«, gestand ich.

»Kein Wunder«, meinte Jana ungewohnt versöhnlich. »Hier ist ja auch nichts los. Aber das wird sich bald ändern. Ich musste Tatsachen schaffen.«

»Wie meinst du das?«, fragte ich und griff durstig nach einem Becher Bowle.

Jana nahm mir den Becher wieder ab. »Das würde ich an deiner Stelle lieber nicht trinken.«

»Wieso?« Ich verstand gar nichts. »Das ist doch die alkoholfreie Bowle.«

Sie winkte mich auf die andere Seite des Tisches, hob die Papiertischdecke kurz hoch und wies auf einen Eimer mit leeren Schnapsflaschen darunter. »Jetzt nicht mehr.«

»Was hast du vor?«, fragte ich erschrocken.

Sie nickte mit dem Kopf in Richtung Lehrergrüppchen. »Siehst du die? Trinken die ganze Zeit nur diese Kinderbowle. Ich habe gerade zwei Flaschen Wodka reingekippt. Schmecken die bestimmt nicht raus.«

»Du bist verrückt.« Ich zeigte auf die herumspringenden Kinder von Doc Archibald. »Und wenn die was davon abbekommen?«

»Nicht, solange ich den Ausschank mache.« Sie lächelte. »Halte schön deine Kamera bereit. *Post the Most!*«

Ich verzog mich in eine schattige Ecke des Hinterhofs und tatsächlich: Nach einer Viertelstunde wurde die Lehrergruppe in der Hitze immer lustiger. Und je lustiger sie wurden, desto mehr Durst bekamen sie. Und je mehr Durst sie bekamen, desto mehr schenkte ihnen Jana nach. Irgendwann begann Frau Korbweiler sich vor Lachen regelrecht auszuschütten. Sie kriegte sich überhaupt nicht mehr ein und plumpste schließlich mit ihrem Hintern auf den Betonboden. Ihre Kollegen kicherten und versuchten ihr aufzuhelfen. Aber erstens wehrte sich die Korbweiler wild gackernd und zweitens waren die anderen selbst viel zu betrunken, um die beleibte Lehrerin erfolgreich wieder auf die Beine zu stellen. Was für ein Bild …

Ich zückte meine Kamera und hielt drauf. Zum ersten Mal wurde ich mit einer eigenen Aufnahme selbst aktiv. Irgendwie ahnte ich zwar, dass es nicht richtig sein konnte, aber in meinem Kopf hörte ich bereits die *ON-SHOW*-Punkte klingeln.

Plötzlich trat Jana zu mir. »Ich kann mein iPhone nirgends finden«, rief sie panisch.

»Wo hast du es denn zuletzt in der Hand gehabt?«

»Gleich neben der Bowle.« Sie hielt inne und sah zu Eddi rüber, der seinen iPod in der Hand hielt und Frau Korbweiler ebenfalls filmte. Finster kniff sie die Augen zusammen. »Dieses kleine Arschloch muss es mir irgendwie geklaut haben.«

»DU HAST ZU WENIG PUNKTE. MEHR«

Ich muss dir wohl kaum erzählen, dass es gleich nach der Einweihungsparty einen Höllenärger gab. Jana veranstaltete zunächst ein Riesentheater, weil ihr iPhone verschollen blieb. Eddi hatte zwar felsenfest geschworen nichts mit seinem Verschwinden zu tun zu haben, aber Jana glaubte ihm kein Wort und ließ keine Gelegenheit aus, ihn zusammenzufalten. Sobald ich mich für Eddi einsetzte, blaffte sie mich auch noch an. Kein Zweifel, unser *ON-Show*-Team begann zu bröckeln, doch war das eigentlich unser geringstes Problem. Kurz nach der Party nahm Sabine Olthoff uns im Kunstunterricht zur Seite. Sie wirkte müde und zerschlagen. »Sagt mal«, fragte sie mit gesenkter Stimme. »Was habt ihr drei euch nur dabei gedacht? Ihr könnt doch nicht einfach solche Filme ins Netz stellen!«

Jana sah demonstrativ zu Eddi, als hätte sie nichts damit zu tun.

»Warum denn nicht?«, fragte er frech. »Die sind doch lustig.«

Ich blickte zu Boden. Zugegeben, manchmal verhielt sich Eddi ganz schön dumm.

»Ganz im Gegenteil«, wies Sabine ihn gedämpft zurecht. »Du kapierst wohl nicht, worum es eigentlich geht.«

»Doch«, erwiderte Eddi und machte einen Betrunkenen nach. »Tüdelü, um die angedudelten Lehrer auf der Party.«

»Ich muss anscheinend deutlicher werden.« Sabine räusperte sich. »Heute Morgen um sieben Uhr gab es eine außerordentliche Krisensitzung im Lehrerzimmer. Die Kollegen und die ganze Schule sind jetzt das Gespött der Stadt. Frau Korbweiler hat wegen eurer Filme einen Nervenzusammenbruch erlitten. Sie fällt die nächsten drei Monate aus. Mindestens. Sogar eure Klassenfahrt nach Paris steht auf der Kippe.«

»Und was sollen wir jetzt machen?«, fragte ich erschrocken.

»An eurer Stelle würde ich Frau Korbweiler auf Knien um Verzeihung bitten, bevor das noch weitere Kreise zieht«, riet Sabine. »Direktor Klaasen war heute früh so aufgebracht, dass er am liebsten Köpfe rollen gesehen hätte. Besonders meinen.« Sie räusperte sich erneut. »Ich bin ja noch keine fertig ausgebildete Lehrerin, sondern nur Referendarin.«

»Heißt das«, fragte ich besorgt, »dass sie dich jetzt wegen uns rauswerfen?«

»So einfach ist das zwar nicht«, erklärte sie seufzend. »Aber euer Film hat meine Chancen nicht gerade verbessert. Eure übrigens auch nicht. Herr Klaasen wollte die beiden Schüler, die diese unsäglichen Szenen ins Netz gestellt haben, abmahnen und ihre Eltern einbestellen. Das betrifft Eddi und dich, Karo!«

»Was?« Ich konnte kaum glauben, was ich hörte. Meine Eltern würden durchdrehen und mich wie im Mittelalter in Ketten legen und ins Verlies werfen. Ohne Wasser und Brot. Und Fernsehen und Internet konnte ich ebenfalls vergessen. Zumindest für die nächsten 150 Jahre.

»Ist doch nicht Karos Schuld«, meldete sich jetzt Jana zu Wort, »wenn sich deine Kollegen in der Sommerhitze so hemmungslos abfüllen und dann danebenbenehmen.«

Sabine hob beschwichtigend die Hände: »Immer mit der Ruhe. Ich habe mich mächtig für euch eingesetzt und auch die Kollegen selbst schon um Entschuldigung gebeten. Sie sind bereit noch einmal Gnade vor Recht ergehen zu lassen. Das hat auch Herrn Klaasen milde gestimmt. Jedenfalls fürs Erste.«

»Wie ist dir das denn gelungen?«, erkundigte ich mich vorsichtig. Ich konnte kaum glauben, dass die Gefahr schon wieder abgewendet sein sollte.

»Es war nicht einfach, aber ich habe sie überzeugt, dass die Sache mit dem Alkohol in der Bowle nicht auf euer Konto geht und der Film nur ein dummer Streich war.« Sabine Olthoff wandte sich an Jana. »Das stimmt doch, oder warst du das mit dem Wodka?«

»Ich?!«, fragte sie unschuldig.

Stopp. Das muss ich jetzt doch mal genauer erklären: Dieses »Ich?!« klang zwar unschuldig, aber nicht *zu* unschuldig. Falls du verstehst, was ich meine. Hätte sich Jana künstlich aufgeregt, wäre jedem klar gewesen, dass sie hinter der Sache mit dem Wodka steckte. Aber indem sie nicht zu sehr dramatisierte, wirkte sie absolut glaubwürdig. Wäre ich nicht selbst auf der Party gewesen, hätte ich ihr diese schauspielerische Leistung voll abgekauft.

»Du hast schließlich den Ausschank gemacht«, erklärte Sabine unbeeindruckt.

»Ich wollte doch nur helfen!« Janas Tonfall ließ keinen Zweifel daran, dass ihr gerade schlimmstes Unrecht widerfuhr. »Aber da standen doch diese anderen Künstlerfreunde von dir herum. Der eine mit dem Ziegenbart und der andere mit dem Strohhut. Die haben die ganze Zeit über Lehrer abgelästert. Vielleicht wollten die sich ja einen Scherz mit deinen Kollegen erlauben.«

»Hm.« Sabine dachte kurz nach. »Das würde den beiden Chaoten schon irgendwie ähnlich sehen«, räumte sie zerknirscht ein. »Ich rufe sie gleich heute Nachmittag mal an.«

»Ach, Sabine.« Jana hob geziert den Zeigefinger. »Kannst du sie vielleicht auch gleich fragen, ob sie mein iPhone gesehen haben, so eins mit einer rosa Schutzhülle? Es ist seit der Party verschwunden.«

»Mache ich. Aber bitte denkt daran: Noch so ein Fehler und wir können uns alle eine neue Schule suchen.«

Noch so ein *Fehler*?

Das sah ich zu diesem Zeitpunkt aber ganz anders. Vor allem, nachdem unsere Aufnahmen nun doch keinen direkten Schulverweis zur Folge hatten. Gut, das mit dem Nervenzusammenbruch von Frau Korbweiler und dem Ärger für Sabine hatte ich echt nicht gewollt. Aber hätte ich es vielleicht bedauern sollen, dass das Video mit den betrunkenen Lehrern mir richtig viele Punkte brachte?

Nein, *das* tat mir kein bisschen leid. Und es machte mir auch nicht sonderlich viel aus, dass Jana ohne ihr iPhone im Rennen um die Punkte deutlich zurückfiel. Übrigens erregte Eddis »Unsere Lehrer sind blau« bei weitem nicht so viel Aufmerksamkeit wie meine »Drunken Teacher Berlin«. Ich sah ehrlich gesagt nicht den geringsten Grund, warum ich Eddi darauf hinweisen sollte, dass du mit englischen Bezeichnungen einfach mehr *ON-SHOW*-Nutzer erreichst. Und ich meine *wesentlich mehr*.

Gerd the Nerd, der Typ von Platz drei in der Hitliste, war plötzlich mein größter Fan und teilte sogar meinen Film mit dem Kommentar: »Kult!« Wenige Stunden nachdem ich das Video online gestellt hatte, führten meine »Drunken Teacher« mit Platz 10 die beliebtesten Videos der deutschen *ON SHOW* an. Auch im *ON-SHOW*-Wettbewerb stieg ich von Rang 39727 plötzlich unter die ersten hundert auf. Sogar dieser Toni Roh gab mir einen Punkt. Ich konnte es kaum fassen. Was für ein gigantischer Sprung!

Ich lag in Führung. Weit vor Jana und Eddi. Und weißt du was? Das tat mir richtig gut! Nur hielt das gute Gefühl nicht lange an. Denn Jana sah ihre Chancen schwinden, was sie nicht sonderlich gut wegsteckte.

»Hey«, zischte sie mir in der großen Pause zu. »Ich glaube, du schuldest mir was!«

Erstaunt sah ich sie an. »Was meinst du?«

»Deine ganzen Punkte …« Sie piekte mit dem rot lackierten Nagel ihres Zeigefingers in meine Schulter. »Die stehen eigentlich mir zu.«

»Aua!« Ihr Nagel tat ganz schön weh. »Wieso?«

Sie senkte vor den anderen Schülern die Stimme. »Wenn ich das mit dem Wodka nicht gedeichselt hätte, wäre es doch niemals zu diesem Film gekommen. Das hast du alles mir zu verdanken.« Sie funkelte mich böse an. So giftig hatte ich sie noch nie erlebt. Nicht mal ihrem neuen Erzfeind Eddi gegenüber. »All die Punkte sind mein Verdienst!«

Schlagartig verging mir die Freude an meinem Vorsprung. Und irgendwie hatte sie ja auch Recht. Mir fiel wieder unser Pakt ein. Wir mussten doch zusammenhalten, dachte ich, *Post the Most* und so …

Außerdem steuerte Eddi wieder mal auf uns zu. Auf Jana, genauer gesagt.

»Na gut«, lenkte ich ein, um weiteren Streit zu vermeiden. »Ich gebe dir die Hälfte meiner Punkte ab.«

»Die Hälfte?« Ungläubig schüttelte sie den Kopf. »Du denkst doch nicht wirklich, dass ich mich mit nur der Hälfte abspeisen lasse. Vor allem, wenn mich jetzt auch noch die blöde Hexe Olthoff auf dem Kieker hat.«

»Also meine Punkte kannst du gerne haben«, erklärte Eddi großzügig. »Sobald ich mit meinem iPod im WLAN bin, übertrage ich sie dir.«

»Abgemacht«, antwortete sie streng. »Aber wenn ich herausfinde, dass du kleiner Scheißer doch mein iPhone geklaut hast, bist du so was von tot …«

»Die Hälfte ist mehr als fair!«, beharrte ich. Schließlich hatte ich mir die Punkte hart verdient. »Es ist doch echt nicht meine Schuld, dass dein iPhone weg ist. Deine Eltern kaufen dir sicher ein neues.«

»Da kannst du Gift drauf nehmen. Aber das kann dauern. Die sind gerade auf Teneriffa.«

»Ehrlich?«, fragte ich verwundert. »Sie lassen dich ganz allein?«

»Ach Schätzchen«, meinte Jana achselzuckend. »Ich bin doch nicht allein. Auf *ON SHOW* habe ich doch massig Freunde.« Sie biss sich auf die Unterlippe. »Also gut, Karo«, räumte sie dann plötzlich milder gestimmt ein. »Die Hälfte ist vielleicht fair. Du bist schließlich ein hohes Risiko eingegangen. Entschuldige, aber seitdem mein iPhone weg ist, bin ich völlig durch den Wind.«

»Ausgerechnet jetzt«, stimmte ich zu und nickte verständnisvoll, »nachdem dein Plan so toll funktioniert hat. Du hattest absolut Recht. Wenn wir kreativ nachhelfen, gibt es mehr Punkte …«

»Tja, eine gewisse Genialität kann ich mir in der Tat nicht absprechen.« Jana lächelte selbstzufrieden. »Und ich habe auch schon ein paar Ideen, wie sich das weiter ausbauen lässt.«

Erwischt!

Seit unserem klärenden Gespräch verstanden wir drei uns wieder ein wenig besser. Auch wenn Jana Eddi weiterhin mehr oder weniger wie Luft behandelte. Dafür redeten er und ich jetzt mehr miteinander. Zum Beispiel verspürten weder er noch ich die geringste Lust, bei diesem genialen Sommerwetter die nächste Mathenachhilfe in einem muffigen Raum abzuhalten. Lieber wollten wir uns draußen treffen. Und wir wussten auch schon genau, wo: bei einer gewissen blonden Mitschülerin, die in einem riesigen Haus mit Pool lebte und deren Eltern sich gerade auf Teneriffa befanden. Ich sah uns schon auf den Luxusliegen aus Janas *ON-SHOW*-Fotogalerie herumlümmeln und kühle Getränke mit Strohhalmen schlürfen.

»Leider muss ich euch enttäuschen«, sagte Jana und zog die Mundwinkel bedauernd nach unten, als wir ihr das im Flur vor dem Klassenzimmer vorschlugen. »Die Handwerker sind immer noch nicht fertig.«

»Oh Mann«, regte sich Eddi auf. »Das hast du doch schon

letzte Woche gesagt. Ich will dir endlich meinen doppelten Dreifachrückwärtssalto mit Arschbombe de luxe zeigen.«

Jana überhörte Eddis Blödsinn wie üblich. »Ist mir ja auch echt superpeinlich, Leute«, entschuldigte sie sich. »Das Ersatzteil für die Filterpumpe wurde noch nicht geliefert.«

»Wie auch immer«, meinte ich ungnädig, schließlich stammte die Idee mit dem Pool von mir. »Ich habe heute trotzdem keine Lust auf Stubenhockerei. Es reicht mir schon, dass wir den ganzen Vormittag in der Schule sitzen müssen.«

Jana riss plötzlich die Augen weit auf. »Warum gehen wir nicht zum alten Schwimmboot? Da ließe sich doch bestimmt auch gleich das eine oder andere verfängliche Filmchen drehen.«

Das alte Schwimmboot ist ein mitten in der Spree festgemachtes, zum Freibad umfunktioniertes Schiff. Sieht richtig cool aus.

»Ich lade dich natürlich ein«, sagte sie zu mir. »Zum Trost für meinen kaputten Pool.«

»Und was ist mit mir?«, wollte Eddi wissen.

»Meinetwegen bist du auch eingeladen«, gab Jana stöhnend nach. »Irgendein Depp muss ja schließlich unsere Taschen tragen.«

Wir fragten sogar Ivo, ob er mitkommen wollte. Doch der lehnte nur dankend ab. Angeblich musste er zum Training. Vielleicht war er immer noch von unserem letzten Nachhilfetreff angefressen. Jana jedenfalls schien seine Absage nicht besonders nahzugehen. Schließlich hielt sie ihn seit ihrem Streit über ON SHOW für ihren Erzfeind, gleich hinter *Gerd the*

Nerd. Deshalb trafen wir uns nachmittags also ohne unser Universalgenie am Schwimmboot. Wir brachten fast alles Nötige mit: Handtücher, Schwimmsachen, Knabbereien, Getränke, Eddis iPod und meinen lila Fotoapparat. Nur an das Mathezeug hatte keiner von uns gedacht.

Dafür schmuggelte Eddi in seiner Sporttasche noch etwas anderes hinein. Du kommst nie darauf, was das war!

Jana wollte unbedingt eine filmreife Massenpanik in dem Schwimmbad auslösen. Die Badegäste sollten sich am besten schreiend und wimmernd mit einem Hechtsprung in die braune Brühe der Spree retten. So die Idee. Im Vorfeld hatten wir ein bisschen rumgesponnen: Es gibt zum Beispiel so eine Chemikalie, die das Wasser knallrot färbt, wenn jemand rein-pinkelt. Das einzige Problem bestand nur darin, dass keiner von uns wusste, wie das Zeug eigentlich genau hieß oder wie wir da herankommen sollten. Sogar an einen Hai hatten wir gedacht. Aber nur ganz kurz. Dabei waren uns aber Tier-handlungen eingefallen – und Eddi hatte sich heldenmütig bereit erklärt zwei Piranhas zu besorgen. Gespannt blickten wir jetzt in seine Tasche. Doch darin lagen nur zwei schwere, rote Rohrzangen.

»Wo sind die Killerfische?«, fragte Jana ungehalten.

»Die waren gerade ausverkauft«, log Eddi mehr schlecht als recht.

»Und was sollen wir mit dem Werkzeug?«

»Keine Sorge«, sagte er zuversichtlich. »Ich habe alles ge-nau geplant. Mit diesen beiden Zangen werde ich die Abfluss-rohre der Toiletten auf dem Boot so umlenken, dass die ganze Kacke direkt ins Schwimmbecken fließt.«

»Das ist doch absoluter Schwachsinn«, meinte ich ungläubig, »und voll eklig dazu!«

»Ja«, stimmte mir Jana zu, »das klappt doch niemals.«

»Hey«, rief Eddi gekränkt. »Wie wäre es mit etwas Vertrauen? Ich kenne ein paar Tricks von meinem Onkel Bertold. Der ist staatlich geprüfter Notfallklempner.«

Ich sah unsicher zu Jana.

»Also gut, von mir aus«, räumte sie ein. »Einen Versuch ist es vielleicht wert.«

Unsere Rollen waren schnell verteilt. Jana stellte sich erwartungsvoll an den Beckenrand, bewaffnet mit Eddis iPod, den er ihr geradezu aufgedrängt hatte. Sie trug einen knappen, silbernen Bikini und eine riesige Diva-Sonnenbrille. Hätte ich es nicht besser gewusst, hätte ich sie glatt für eine berühmte Schauspielerin halten können.

Eddi schlappte in seinen Badelatschen mit der Sporttasche und den beiden Zangen los.

Und ich? Ich sollte ihn bei dieser hirnrissigen Mission begleiten, um Schmiere zu stehen. Nur kam Eddi sehr schnell wieder aus dem Herrenklo heraus. »Es ist wie verhext«, gestand er ratlos. »Ich komme an nix ran. Schaust du mal bei den Frauen nach?«

»Wie, was? Wonach suche ich denn überhaupt?«, fragte ich ihn verständnislos. »Ich bin schließlich kein staatlich geprüfter Rohrspezialist.«

»Ach, lass!« Eddi winkte genervt ab. »Ich gehe schon selbst.« Damit verschwand er im Frauenklo, kehrte aber sogleich genauso erfolglos zurück. »Alles voller Verkleidungen, die ich nicht öffnen kann.«

»Und was jetzt?«

»Plan B«, sagte Eddi und grinste schon wieder breit.

»Und der wäre?«

»Wir drei kacken einfach selber rein.«

»Iiiih, Eddi, manchmal bist du echt widerlich!«

»Nicht wahr?« Er nickte sichtlich stolz.

Wir gingen zu Jana zurück. Bestimmt würde sie gleich ausrasten.

Eddi gestand seinen Misserfolg zerknirscht ein: »Wir haben keinen einzigen Zugang gefunden.«

»Macht doch nichts«, rief Jana quietschvergnügt. Sie hatte in der Zwischenzeit Lipgloss aufgetragen und einige Jungs in der Nähe sahen eindeutig interessiert zu ihr rüber.

Verblüfft starrten wir sie an.

»Macht nichts?«, echote ich.

»Ja.« Sie nestelte an ihrem Bikini. »Ich habe mit der Kamera des iPods ein wenig rumgezoomt und bin fündig geworden. Ich sage nur *Post the Most.*« Sie nickte zu den Liegen auf der anderen Seite des Beckens. »Seht mal da rüber. Die dritte Frau von links.«

Ich blinzelte gegen die Sonne hinüber. »Was ist mit der?«

»Ist das nicht die Alte von unserem Doc Archibald?« Jana zog eine Augenbraue hoch. »Und hoppla, wer ist denn der leckere Knabe neben ihr?«

Tatsächlich. Auf einer Liege saß die norwegische Ehefrau unseres Klassenlehrers. Sie hatte die Träger ihres Oberteils zur Seite geschoben und ein gut gebauter junger Mann cremte ihr gerade den Rücken ein. Dann bedankte sie sich mit einem Kuss bei ihm.

Jana hielt natürlich die ganze Zeit Eddis iPod auf die Szene und drehte alles mit.

»Wer ist der Typ bei der Frau vom Schnarchibald?«, wunderte sich Eddi.

»Ihr Lover natürlich«, klärte Jana ihn auf. »Wer sonst? Die beiden Turteltauben gehen doch total verliebt miteinander um.«

Ich konnte das nicht glauben. »Wenn das ihr heimlicher Liebhaber sein soll«, warf ich verwirrt ein, »wieso treffen sie sich dann ausgerechnet in der Öffentlichkeit?«

»Berlin ist schön, Berlin ist groß«, antwortete Jana. »Wenn du irgendwie untertauchen willst, dann am besten in der anonymen Masse.«

Ich schüttelte den Kopf.

»Bleib hier«, meinte Jana. »Ich muss das Ganze aus der Nähe filmen ...«

»Warte!« Mir war nicht wohl dabei. Das ging langsam zu weit. Außerdem klang mir das Gespräch mit Sabine Olthoff immer noch in den Ohren. Sie hatte uns eindeutig gewarnt. Wir würden am Ende noch alle in hohem Bogen von der Schule fliegen.

»Schätzchen.« Jana zog ihre dunklen Gläser bis zur Nasenspitze herab und betrachtete mich über den Brillenrand hinweg. »Einen echten Paparazzo kannst du nicht von der Erfüllung seiner Pflichten abhalten.«

»Lass uns doch wenigstens kurz überlegen ...«

»Was willst du da groß überlegen? Das entscheidet vielleicht über unseren Sieg auf ON SHOW. Ich kann es kaum erwarten, die Bilder online zu stellen.« Sie wandte sich an

Eddi. »Sag mal, kann ich deinen iPod nach Hause mitnehmen?«

»Mein iPod ist dein iPod.« Eddi strahlte. »Aber du schuldest mir dann was …«

»Und was?«

»Einen Kuss«, rief er und warf sich mit einer Arschbombe de luxe ins Wasser.

Eins, zwei, drei und du bist nicht mehr dabei

Auf dem Rückweg fasste ich einen einsamen Entschluss: Ich musste Jana unbedingt von dem Wahnsinn abhalten, die Aufnahmen zu posten. Das konnte sie Doc Archibald unmöglich antun. Von den Folgen für uns mal ganz abgesehen. Ich hätte sie zu Hause in meinem Zimmer auch sofort angeschrieben, wenn nicht mein Notebook auf einmal spurlos verschwunden gewesen wäre.

Meine Eltern saßen im Wohnzimmer und schauten gerade Nachrichten.

»Wo ist denn mein Computer?«, rief ich.

Meine Mutter schaute nicht einmal auf. »Einkassiert.«

»Hä?«, wunderte ich mich. »Warum?«

Niemand antwortete mir. Weißt du, eigentlich sind sie gar nicht so streng. Es gibt nur eine feste Regel, die ich befolgen muss: Ich soll jeden Abend spätestens gegen sieben zu Hause sein. In Ausnahmefällen darf es auch halb acht werden, wenn ich von unterwegs Bescheid sage. Jetzt war es gerade mal fünf nach sieben.

»Habe ich etwas angestellt oder was ist los?«, fragte ich nun etwas lauter.

Mein Vater wies auf den grünen Hefter auf dem Couchtisch. »Wann wolltest du uns eigentlich die Fünf in Mathe zeigen?«

Ich fuhr zusammen. Der letzte Mathetest hatte mich eiskalt erwischt. Ich weiß, das sagen alle, die eine Arbeit verhauen. Aber bei mir stimmte es wirklich. Als ich dann die Arbeit wiederbekommen hatte, musste ich sie im Trubel des Ärgers wegen Frau Korbweiler ganz vergessen haben. Jedenfalls war es bestimmt keine böse Absicht gewesen, sie meinen Eltern zu verschweigen.

»Hab ich vergessen«, murmelte ich leise.

»Oder wolltest du das etwa vor uns geheim halten?«

»Nein«, widersprach ich kleinlaut. »Ich hatte einfach nur noch keine Zeit dazu. Ehrlich!«

»Kein Wunder«, stellte meine Mutter ärgerlich fest. »Du hängst ja auch nur noch im Internet herum.«

Da hatte sie leider Recht. Durch ON SHOW und die Punktejagd drehte sich bei mir in letzter Zeit alles nur noch um das Leben im sozialen Netzwerk. Ich konnte es nach der Schule kaum erwarten, die neuen Postings der anderen zu lesen, und was gab es bitte Schöneres, als selbst Punkte zu kassieren? Weißt du, es ist eigentlich so: Mit ON SHOW hatte ich zum ersten Mal im Leben etwas gefunden, das mich mit echter Leidenschaft erfüllte. Ohne meinen Computer fühlte ich mich mittlerweile vollkommen aufgeschmissen. Besonders in diesem Augenblick. Ich musste schließlich Jana von einer Riesendummheit abhalten.

Das Telefon fiel mir ein. Dann würde ich sie eben anrufen.

»Wo willst du hin?«, rief meine Mutter. »Hiergeblieben!«

»Ich muss unbedingt kurz telefonieren. Es ist superwichtig!«

»Jetzt nicht. Wir müssen erst etwas klären.«

Kannst du dir vorstellen, unter was für einem enormen Druck ich stand? Die Zeit lief mir davon, meine Eltern waren sauer und bald hatte ich womöglich noch ganz andere Probleme. Mir schossen die Tränen in die Augen.

»Hör auf, Karoline«, ermahnte mich mein Vater. »Argumentieren statt flennen.«

Das klingt jetzt fieser, als er wirklich ist. Mein Vater will bloß immer, dass ich für meine Sache kämpfe.

»Vielleicht habt ihr ja Recht«, gab ich schniefend zu.

»Und?« Mein Vater sah mich erwartungsvoll an. »Was schlägst du also vor?«

Ich stand wie auf glühenden Kohlen. »Mehr lernen. Ehrenwort.«

»Und?«

Im Fernsehen lief gerade ein Bericht aus einem überschwemmten Gebiet. Die Menschen wateten durch hüfthohes Wasser und trugen ihre wenigen Habseligkeiten auf dem Kopf.

»Hiermit verspreche ich hoch und heilig, dass ich nicht länger als zwei Stunden pro Tag online bin.«

»Eine Stunde tut's auch«, befand mein Vater.

Eine Stunde? Das war im Internet doch gar nichts. Nur hatte ich jetzt überhaupt keine Zeit für Verhandlungen. »Einverstanden. Kann ich jetzt bitte mein Notebook zurückhaben?«

Meine Mutter blieb hart. »Nein.«

»Aber ich war heute noch gar nicht online«, protestierte ich. »Und mir steht eine Stunde zu. Wir haben doch gerade eine Vereinbarung getroffen, schon vergessen?!«

»Guter Punkt.« Mein Vater sah meine Mutter an und seufzte. »Da hat sie leider Recht.« Dann holte er meinen Rechner.

Auf *ON SHOW* konnte ich noch keine Bilder von Frau Archibald entdecken. Nervös öffnete ich den Chat. Mir kann echt niemand vorwerfen, dass ich nicht alles versucht hätte.

Karo: Bist du da?

Jana: Ja, ich bearbeite gerade die Pics. ;-) Die sind richtig cool geworden.

Karo: Bitte poste das nicht! Wir ruinieren damit die Ehe von Doc Archibald.

Jana: Hä??? Spinnst du? Wieso ruinieren WIR die Ehe??? Das heimliche Liebespaar ruiniert sie doch selbst!!! Hätten sich ja wenigstens ein Hotelzimmer nehmen können oder so was.

Karo: Aber das geht echt zu weit. Im Netz können das doch alle sehen. Das ist viel zu persönlich. Denk an die Korbweiler und ihren Nervenzusammenbruch.

Jana: Haha. Das sagst ausgerechnet du? Das war DEIN Film und du hast kräftig Punkte damit gemacht.

Karo: Und wäre deshalb beinah von der Schule geflogen.

Jana: Buhuhu, ich weine gleich. Echt, netter Versuch.

Karo: Ich will doch nur verhindern, dass du einen Mordsärger bekommst.

Jana: Jana Superstar wird sowieso bald Moderatorin der ON SHOW. Dann brauche ich die Scheißschule ohnehin nicht mehr. Ich nenne mein Filmchen übrigens »The teachers wife is wild and sexy« ...

Karo: Das kannst du wirklich nicht bringen! Bitte!

Jana: Machst du dir so ins Hemd, weil ich damit Punkte ohne Ende absahnen werde und dich und Eddi endgültig überhole?

Karo: Damit hat das doch gar nichts zu tun!

Jana: Und ob! Hältst du mich für bescheuert? Die Community wird diese Pics lieben. Das sind echte Paparazzifotos. Liebe, Leidenschaft, Eifersucht und so. Es wird nur so Punkte hageln – diesmal allerdings auf mein Konto allein.

Karo: Von mir bekommst du jedenfalls keinen Punkt. Ich will damit nichts zu tun haben.

Jana: Wenn das so ist, war's das mit unserer Freundschaft. Warte ...

Karo: Was?!

Jana: Die Bilder sind online. Und zwar ... jetzt.

»MACHE DAS BESTE FOTO DER WELT«

Ob du es glaubst oder nicht: Seit diesem Chat auf *ON SHOW* sprach Jana kein Wort mehr mit mir. Sie ignorierte mich einfach – und das war eine wahre Meisterleistung. Schließlich begegneten wir uns nicht nur ständig vor der Schule oder im Pausenhof, sondern saßen ja auch im Unterricht nebeneinander.

Sah ich sie an, schaute sie weg.

Blieb ich in der Pause sitzen, stand sie auf.

Stand ich wiederum auf, blieb sie sitzen.

Ging ich auf sie zu, machte sie auf der Stelle kehrt.

Sprach ich sie an, tat sie so, als hätte sie nichts gehört.

Und wenn sie mich dann doch mal anschaute, sah ich weg.

Ich weiß schon: Der reinste Kindergarten. Ja, das trifft es ganz genau.

Sicher, ich hätte Eddi bitten können zwischen uns zu vermitteln. Aber seitdem mich Jana wie eine alte Jeans aussortiert hatte, waren die beiden plötzlich die allerbesten Freunde. Jana verbrachte jede freie Minute mit Eddi und lachte demonstrativ laut, wenn er einen seiner bekloppten Witze machte. Und der Blödmann merkte nicht einmal, dass sie ihn nur benutzte. *Eddi, kann ich einen Schluck von deiner Cola haben? Ich fühle mich so ausgetrocknet. Eddi, könntest du mir nicht mein Referat schreiben? Dir fällt doch immer etwas Gutes ein. Eddi, macht es dir sehr viel aus, wenn ich deinen iPod noch ein klitzekleines Weilchen behalte?*

Ständig sollte er etwas für sie erledigen. Es schien mir nur eine Frage der Zeit zu sein, bis sie ihn auch noch Stöckchen holen lassen würde. Ganz ehrlich: Ich hätte den Jungen auf den Mond schießen können, aber im Gegensatz zu Jana sprach Eddi wenigstens noch mit mir. Und so viele andere Freunde hatte ich ehrlich gesagt nicht.

»Warum tust du das eigentlich?«, erkundigte ich mich in der Frühstückspause, als Jana gerade mal außer Sichtweite war.

»Was'n?«, fragte er erstaunt und wickelte einen kalten Dürüm-Döner vom Vortag aus der Silberfolie.

»Na, dich für Jana zum Affen machen.«

»Ugga, ugga!« Er hielt den gerollten Döner wie eine Banane und tat so, als würde er ihn schälen. »Ich nix Affe mache, ich Gorilla. Gorilla guuut.«

Dummer, armer Eddi. Dachte er tatsächlich, dass sie ihn ehrlich mochte – so wie er sie mochte?

»Du verbringst ja in letzter Zeit jede freie Minute mit ihr«, schob ich nach und versuchte dabei, nicht eifersüchtig zu klingen.

»Wer sagt, dass ich die Zeit mit *ihr* verbringe?«, rief er verwundert und biss in seinen Döner. »Ich bleibe doch nur in der Nähe meines iPods.«

»Ja, und?«, drängte ich weiter. »Willst du ihn denn nicht wiederhaben?«

»Ooooch«, sagte er. »Ich brauche ihn im Augenblick eigentlich gar nicht so dringend.«

»Aber so wirst du nie die *ON SHOW* gewinnen!«, rief ich kopfschüttelnd.

»Das ist nicht gesagt.« Eddi grinste überlegen. »Ich habe mit Jana einen festen Deal. Solange sie meinen iPod hat, bekomme ich 30 Prozent von ihren Punkten.«

»30 Prozent? Und woher will diese Mathe-Niete bitte schön wissen, wie viel 30 Prozent sind?«, höhnte ich.

Er wischte sich seine fettigen Hände an der Hose ab. »Keine Sorge. Ich rechne das für sie aus.« Er lächelte und legte den Zeigefinger über die Lippen. »Aber pst, Jana denkt, sie gibt mir nur zehn Prozent.«

Ich stutzte. Meinte er das ernst oder handelte es sich wieder einmal um einen seiner seltsamen Witze?

Eddi kramte eine Cola aus seinem Rucksack, trank einen Schluck und sah mich auf einmal mitleidig an. »Mann, Karotte, könnt ihr denn nicht einfach euer Kriegsbeil begraben?«

Eigentlich hätte ich jetzt gerne die Wahrheit gesagt: dass Janas Art, mit Kritik umzugehen, darin bestand, mich wie Luft zu behandeln. Und dass ich mich dagegen vollkommen machtlos fühlte und auch keine Kraft mehr hatte, auf sie zuzugehen. Mittlerweile erschien mir die Situation so verfahren wie bei einem hoffnungslos zerstrittenen Ehepaar. Und das setzte mir mehr zu, als mir lieb war. Wenn sie und ich schweigend nebeneinandersaßen und uns krampfhaft gegenseitig übersahen, klopfte mein Herz vor Ärger und Aufregung. Ich fand das so unerträglich, dass ich sogar über einen Wechsel in die Parallelklasse nachdachte. Doch vor Eddi wollte ich mir keine Blöße geben.

»Nenn mich nicht immer so«, erwiderte ich stattdessen gereizt, »und außerdem habe schließlich nicht ich damit angefangen.«

»Was soll'n das mit euch werden? Der Dritte Weltzickenkrieg?« Er sah mir direkt in die Augen, so dass mir ein wenig mulmig wurde. »Sag mal ganz ehrlich, willst du überhaupt noch bei unserem Pakt mitmachen?«

Ich dachte kurz nach. »Doch, schon.«

»Dann gib ihr doch diesen einen blöden Punkt für den Schwimmbad-Film, wie wir das damals ausgemacht haben, und ihr macht endlich euren Frieden.«

»I-ich kann das nicht«, stotterte ich. »Ganz ehrlich, mit dem Film von Doc Archibalds Frau ist sie eindeutig zu weit gegangen.«

»Oder bist du etwa beleidigt, weil sie dich mit ihren Punkten weit überholt hat?«

»Nein«, widersprach ich hastig, obwohl ich mir da gar nicht so sicher war. »Überhaupt nicht.«

Um mehr Aufmerksamkeit auf ihren Film und ihre Fotos zu ziehen, hatte Jana zu einem simplen Trick gegriffen: Sie musste einfach nur Frau Archibald auf den Fotos von *Drunken Teacher Berlin* markieren und die neuen Bilder von dem — jetzt nicht mehr — heimlichen Liebespaar gleich danebenstellen. Wer auch immer mir Punkte gegeben hatte, sah automatisch ihr Posting. Im Prinzip hängte sie sich ein bisschen wie *Gerd The Nerd* an den Erfolg der anderen. Und der wählte ihren Beitrag sogar noch zum »Klick der Woche«. Dafür durfte sie unglaublich viele *ON-SHOW*-Punkte kassieren.

»Wie auch immer«, meinte Eddi und schleuderte seine leere Colaflasche in Richtung Papierkorb, traf aber daneben. »Die Sache mit dem Posting ist jetzt auf jeden Fall gelaufen. Und eins musst du zugeben, du alte Miesepetra«, flachste er.

»Bisher ist überhaupt nichts von dem eingetroffen, was du befürchtet hast: kein Ärger, kein Schulverweis, kein Weltuntergang.«

»Wart's nur ab«, meinte ich ernst. »Sabine Olthoff ist von den Lehrern die Einzige mit ON-SHOW-Zugang. Noch befindet sie sich gemeinsam mit Doc Archibald auf dreitägiger Fortbildung. Aber du wirst schon sehen: Morgen kommen sie zurück und dann ist bald die Kacke am Dampfen.«

»Kacke am Dampfen?« Grinsend boxte Eddi mich in den Oberarm. »Hey, ich stehe voll drauf, wenn ein Mädchen so redet wie ich.«

Ich brauche deine Hilfe

Am nächsten Morgen hatten wir zum ersten Mal wieder Unterricht bei Doc Archibald. Auf mich wirkte er völlig normal. Entweder wusste er von den Aufnahmen seiner Frau auf dem alten Schwimmboot noch nichts oder es war ihm schlichtweg egal. Dabei war die Sache Gesprächsthema Nummer eins auf der Weizenbaum-Gesamtschule. Bis auf Ivo kannten wahrscheinlich alle Mitschüler die Liebhaber-Aufnahmen und die gespannte Stille im Klassenzimmer wich allmählich einer größer werdenden Unruhe. Aber anstatt sich in ein Feuer speiendes Monster zu verwandeln, schrieb unser Lehrer ganz gelassen eine Aufgabe an die Tafel und drehte sich nur hin und wieder kurz um, um uns zur Ruhe zu ermahnen. So, als sei nichts geschehen. Okay, Doc Archibald war noch nie der rumbrüllende und Kreide werfende Typ gewesen – er behält eigentlich immer die Nerven, ganz gleich was für Streiche die Jungs sich ausdenken. Da wir erwartet hatten, dass der öffentlich gemachte Ehebruch ihn aber doch aus der Fassung bringen würde, folgten wir gespannt jeder seiner Ausführungen und Bewegungen. Alle, bis auf Jana. Ich warf einen Blick auf meinen verwaisten Nachbarstuhl.

»Weißt du, wo Jana steckt?«, fragte ich Eddi in der Pause.

»Keine Ahnung.« Er zuckte mit den Achseln. »Vielleicht ist sie krank oder hat einen Pickel oder beides …«

Ich hatte eine andere Erklärung. »Und was ist, wenn sie Jana wegen den Postings bereits vom Unterricht ausgeschlossen und ihre Eltern angerufen haben, die sie für immer in so ein Nobel-Internat in der Schweiz stecken?«

Eddi schüttelte den Kopf. »Dann hätte doch sicher der Doc was zu uns gesagt.«

Und tatsächlich, gegen halb zwölf trudelte Jana doch noch ein, mitten im Französischunterricht. Sie trug ein leichtes Sommerkleid und Riemchensandalen mit extrem hohen, dünnen Absätzen und schien bester Laune.

»Ah, *mon amie* ist endlich da«, rief Herr Schwertfeger ungehalten. »Wo kommst du denn jetzt her?«

Jana strahlte den bärtigen Französischlehrer freundlich an. »Ich habe meine Tage gekriegt«, sagte sie, stöckelte durch das Klassenzimmer, ließ sich – natürlich ohne mich zu beachten – neben mir nieder und knallte ihre Handtasche auf den Tisch. Alle starrten sie an. Und wo war eigentlich ihr Schulzeug?

Sogar Herr Schwertfeger wusste nicht, was er auf Janas Ausrede erwidern sollte. Schließlich meinte er: »Du wirst schon sehnlich erwartet. Ab zum Direktor mit dir. *Vite, vite!*«

Genervt stand Jana auf, verdrehte die Augen, schnappte sich ihre Tasche und ging betont langsam aus dem Raum. Dabei ließ sie die Hüften wie auf einem Laufsteg schwingen. Von diesem Gespräch kehrte sie nicht wieder ins Klassenzimmer zurück.

Am nächsten Tag saß Jana neben mir, als sei nichts geschehen. Ich sprach sie sogar mehrfach an, aber sie würdigte mich immer noch keines Blickes.

In der Hofpause wandte sich Eddi an mich. »Ich brauche deine Hilfe. Es ist wichtig.«

»Was ist los?«

»Es geht um Jana.«

»Was wollte denn der Direktor gestern von ihr? Gab es Ärger wegen dem Schwimmboot-Film?«

Er trat nervös von einem Bein aufs andere. »Du musst das verstehen, ich habe ihr fest versprochen gerade dir nichts davon zu erzählen.«

»Komm schon«, bettelte ich. »Schließlich soll ich dir doch einen Gefallen tun.«

»Na ja«, druckste Eddi sichtlich unwohl herum. »Alles hat sie mir auch nicht gesagt. Der Typ auf dem Schiff soll wohl Frau Archibalds erwachsener Sohn aus erster Ehe gewesen sein. Es gab jedenfalls ein Gespräch mit dem Direx und dem Doc. Sie wollen jetzt mit Janas Eltern reden, aber die sind ja gerade auf Teneriffa. Bis sie zurück sind, darf sie zwar weiterhin zur Schule kommen, aber nächste Woche nicht mit uns auf Klassenreise nach Paris fahren. Sie muss so lange in der Parallelklasse bleiben.«

Was sollte ich sagen? Hatte ich Jana nicht genau davor gewarnt? »Das ist hart«, murmelte ich und hoffte, dass ich nicht wie so ein blöder Besserwisser klang.

»So hart auch wieder nicht«, meinte Eddi. »Jana wollte sowieso nicht mit. Sie hasst Paris, seitdem sie dort mit ihren Eltern mal ein Jahr gewohnt hat. Sie sagt, London sei viel cooler.«

»Aber sobald ihre Eltern wieder da sind, werden sie Jana sicher von der Schule werfen!«

»Glaub ich nicht«, widersprach er. »Jana ist ganz zuversichtlich, dass ihre Alten den Direktor mit einer kleinen Schulspende schon milde stimmen werden. Wäre nicht das erste Mal, meinte sie.«

»Und wo war sie gestern Vormittag?«

Eddi überprüfte vorsichtig, ob sich Jana irgendwo in der Nähe aufhielt. Dabei konnte er bei unserer gegenwärtigen Beziehung ganz sicher sein: Stand ich am Südpol, war sie garantiert am Nordpol.

Er lüpfte kurz seine rote Kappe. »Das hast du aber nicht von mir, versprochen?«

»Ehrenwort!«, schwor ich. »Sie redet sowieso nicht mit mir.«

Er schluckte. »Jana hat sich mit so einem Fotografen in Mitte getroffen, der sie auf *ON SHOW* angeschrieben hat.«

»Echt?«, wunderte ich mich. »Ich dachte, ihr Vater sei Fotograf.«

»Ja, aber der hat ja nie Zeit und gondelt jetzt auf Teneriffa herum. Lenny ist ein noch unbekannter Kollege ihres Vaters. Er will, dass sie für ihn modelt. So inszenierte Bilder, die dann auf *ON SHOW* veröffentlicht werden. Dafür muss immer der

Name seines Fotostudios drunterstehen. Sie bekommt Top-Bilder und er die Werbung.«

Alle Achtung, Jana ließ wirklich nichts anbrennen. Einen gewissen Neid auf sie und ihren unermüdlichen Tatendrang konnte ich nicht leugnen. »Sie wird noch gewinnen«, prophezeite ich. So langsam glaubte ich wirklich daran.

»Ja«, stimmte Eddi zu. »Aber dafür braucht sie ihr iPhone.«

»Weißt du denn, wo es ist?«, fragte ich erstaunt.

Er nickte. »Oben im Sekretariat. Bei den einkassierten Dingen im Schrank von Frau Ragge.«

»Was? Und wie ist es bitte schön dahingekommen?«

»Sabine Olthoff hat es angeblich irgendwo in einer Ecke des Ateliers gefunden und dann dort abgeliefert.«

Nervös blickte sich Eddi erneut um. »Sabine wollte es Jana geben, aber dann kamen die Postings über Doc Archibalds Ehefrau. Die Schule behält das Telefon nun so lange ein, bis Janas Eltern aufkreuzen.«

»Na, das kann ja noch eine Weile dauern.«

»Nicht unbedingt«, erklärte Eddi. »Denn ich werde es holen.«

»Was genau meinst du mit ›holen‹?«

»Klauen, stehlen, mopsen«, sagte er. »Hast du nicht gewusst, dass ich ein ausgekochter Meisterdieb bin? Sie nennen mich *The Mastermops*.«

Mastermops? Das brachte mich zum Lachen. Wie kam Eddi nur auf so verrückte Namen?

Er trat wieder von einem Bein aufs andere. »Weißt du noch, wie wir auf dem Schwimmboot nach den Rohren gesucht haben?«

»Klar, wie könnte ich die dümmste Idee auf diesem Planeten vergessen?«

»Auch wenn wir keinen Erfolg damit hatten, waren wir beide doch ein ganz gutes Team, findest du nicht?«

Ich nickte erfreut. »Ja, sogar ein verdammt gutes Team.« Er lachte erleichtert. »Gut. Wenn du mir hilfst Janas iPhone wieder zu beschaffen, könnt ihr auch sicher wieder Freunde sein.«

Ganz ehrlich: Das Handy war mir komplett egal, aber der Gedanke, wieder mal mit Eddi etwas richtig Verrücktes zu unternehmen, gefiel mir.

Ich konnte nur hoffen, dass es nicht schon wieder Ärger gab. »Und was genau soll ich dabei tun?«

»Ich habe einen Plan«, sagte er im verschwörerischen Ton. »Einen Eddi-Berger-Mastermops-Superplan und dir wird garantiert schlecht, wenn du ihn hörst.«

Eddi hat einen minutiösen Plan.
Und ich bin ein Teil davon.
Zeit: 12.55 Uhr
Ort: Klassenzimmer

Fünfzehn Minuten vor Schulschluss wollte Eddi mir zunicken und damit das Startzeichen für den Mastermops-Superplan geben. Er hatte mir vorher den Ablauf auf einem Zettel notiert. Jeweils mit genauer Uhrzeit und Ort. Ich sollte kurz vor Ende der letzten Stunde Übelkeit und Brechreiz vortäuschen. Eddi hatte eigens mit Jana den Platz getauscht, damit er mir zur Seite stehen konnte, falls etwas schiefging. Aber der Junge konnte es einfach nicht lassen, mich die ganze Zeit zu ärgern. Immer wenn ich nicht aufpasste, nahm er mir etwas weg. Mal einen Stift, dann den Radiergummi. Gerade kämpften wir lautlos um mein Lineal, da ließ Eddi plötzlich los. Meine Faust knallte mit voller Wucht gegen meine Nase. Dann spürte ich etwas Nasses über meinen Mund laufen: Blut!

Erschrocken sah ich zu Eddi, der sofort aufsprang. »Karo hat Nasenbluten«, rief er. Mit der einen Hand drückte ich meine Nase zu, mit der anderen suchte ich nach einem Taschentuch.

Unser Biolehrer Herr Bosack warf mir einen kurzen Blick zu. »Okay, geh schnell ins Sekretariat und lass dich versorgen. Kannst du sie begleiten, Eddi?«

Beim Rausgehen sah ich noch, wie Jana, den Kopf auf die Hand gestützt, aus dem Fenster starrte. Ich wusste nicht einmal, ob sie in den Superplan eingeweiht war.

Zeit: 12.56 Uhr
Ort: Schultreppenhaus

»Hammer«, rief Eddi auf der Treppe beglückt. »Nasenbluten ist ja viel glaubhafter als Übelkeit.«

Ich schwieg stinksauer.

»Alle Achtung«, plapperte er fröhlich weiter, »du hast es echt drauf.« Er grinste schief und wies auf meine Nase. »Kommt da auch Cola raus?«

Ich musste leider lachen und schnaubte mir dabei versehentlich Blut auf die Hand. »Keine Witze, du Idiot«, herrschte ich ihn an. »Es soll doch schließlich wie ein echter Notfall aussehen.«

»Okay, ich versprech's.« Er sah auf die Uhr. »Kurz vor Schulschluss packt die Ragge oben alles zusammen. Sie will rechtzeitig nach Hause zu ihrem Spitz, sonst pinkelt er ihr auf den Teppich. Du wirst ihr also jetzt höchst ungelegen kommen und in der Hektik stehen unsere Chancen besser.«

»Woher weißt du das alles?«, wunderte ich mich.

»Eddi Bergers Mastermops-Superplan, schon vergessen? Ich habe mich eben vorher schlaugemacht. Halte dich einfach an das, was ich dir gesagt habe. Aber vergiss das mit den Würgegeräuschen. Du gehst rein, machst jetzt auf Blutbad und Panik, dann führt sie dich ins Erste-Hilfe-Zimmer. In der Zwischenzeit hole ich Janas Telefon. Alles klar?«

Zeit: 12.58 Uhr

Ort: Vor dem Sekretariat

Es hörte nicht auf zu bluten, zum Glück. Vor dem Sekretariat wollte ich mir ein frisches Taschentuch nehmen, aber Eddi hielt meinen Arm zurück.

»Nicht«, flüsterte er. »Lass laufen.«

Das warme Blut rann über meinen Mund. Ich beugte mich automatisch nach vorne, damit mein T-Shirt nicht versaut wurde. Ein Tropfen klatschte auf das Linoleum. Er sah aus wie eine kleine, rote Sonne. Zu meiner Überraschung fuhr mir Eddi mit seinem Finger behutsam über das Kinn und verschmierte das Blut noch ein wenig. Zufrieden betrachtete er sein Werk. »Perfekt, jetzt siehst du wie ein echtes Gewaltopfer aus.«

Zeit: 13.00 Uhr

Ort: Sekretariat

Eddi öffnete die Tür und schob mich hinein. »Frau Ragge, schnell, sie hat starkes Nasenbluten!«

Die grauhaarige Sekretärin packte gerade ihre Tasche und sah uns ungläubig durch ihre Hornbrille an. Als sie nicht sofort reagierte, riss ich verschreckt die Augen auf und nahm die Hand von der Nase. Sofort lief mir das Blut über den Mund und tropfte auf den Boden.

Augenblicklich ließ Frau Ragge ihre Tasche fallen und huschte in ihrem braunen, zweiteiligen Kostüm hinter dem Tresen hervor. »Halt dir bloß das Taschentuch davor«, rief sie und führte mich schnurstracks durch die Seitentür in den Erste-Hilfe-Raum. »Kinder, dass euch das immer kurz vor Schulschluss passieren muss.«

Zeit: 13.01 Uhr

Ort: Erste-Hilfe-Zimmer

»Setz dich erst mal auf die Liege«, befahl Frau Ragge und marschierte zum Medizinschrank. »Ich hole nur schnell etwas Mull. Aber pass bitte auf, dass du hier nicht auch noch den ganzen Boden versaust.«

Sie kehrte mit einem weißen Tupfer zurück. »So, senke den Kopf nach vorne und press dir das schön fest an die Nase.«

Jetzt kam der schwierige Teil. Laut Plan musste ich Frau Ragge lange genug aufhalten, damit Eddi das iPhone holen und verschwinden konnte, ohne erwischt zu werden. Ich musste mir spontan was einfallen lassen.

»Aber sonst soll ich den Kopf immer nach hinten halten«, protestierte ich also.

»Nein.« Die Sekretärin schüttelte energisch den Kopf. »Das machen alle falsch.«

»Aber meine Mutter sagt jedes Mal, dass ich den Kopf zurücklegen soll. Und dazu einen kalten Lappen in den Nacken pressen.«

»Das bringt überhaupt nichts«, erklärte Frau Ragge und sah sichtlich genervt auf ihre goldene Armbanduhr.

»Aber ein kalter Lappen tut mir immer gut«, beharrte ich, »und das Bluten hört dann auch schnell auf.«

»Mädel, ich habe schließlich einen Erste-Hilfe-Kurs gemacht.« Damit presste sie mir das kleine Mullkissen auf die Nase und drückte fest zu. »Ich weiß, was ich tue.«

»Aua«, schrie ich. »Sie tun mir weh!«

»Das geht gleich vorbei.« Sie presste unerbittlich weiter und blickte erneut auf die Uhr. Ihr Hund schien wirklich kein Verständnis für Unpünktlichkeit zu haben.

»Sie brechen mir noch die Nase«, jammerte ich.

Frau Ragges Druck ließ nicht nach. »Halt gefälligst still.«

An dieser Stelle hielt ich es für klüger, den Mund zu halten und darauf zu hoffen, dass Eddi das iPhone bereits hatte.

In den nächsten Minuten dachte ich darüber nach, dass ich jetzt viel mehr mit Eddi zu tun hatte und wir oft miteinander redeten und lachten. So weit die gute Nachricht.

Und die schlechte: Natürlich drehte es sich dabei fast immer nur um Jana. Leider. Ob sich das vielleicht auf der Klassenfahrt änderte, wenn sie zu Hause bleiben musste?

Jana stand mit Eddi auf dem Schulhof. Sie rauchte eine Zigarette, sah mich auf sich zukommen und blickte dennoch mitten durch mich hindurch. Eine echte Meisterleistung, nicht wahr? Ich hielt mir ein Taschentuch an die Nase, um zu prüfen, ob die Blutung tatsächlich versiegt war, und wunderte mich über die beiden: Hätte er ihr das iPhone nicht längst wiedergeben müssen? Aber weshalb paffte sie dann so gelangweilt in der Gegend rum, anstatt wild draufloszutippen? Eddi selbst machte ein eher unbeteiligtes Gesicht.

»Hat alles geklappt?«, erkundigte ich mich unsicher.

»Was denkst du denn?« Jetzt grinste er breit und zog das berühmte iPhone in der rosa Hülle mit den Glitzersteinen aus der Hosentasche. »Da waren so viele Handys in der Kiste, da fällt eins mehr oder weniger nicht auf.« Mit der anderen Hand hielt er mir ein kleines Päckchen hin. »Und diese Kondome habe ich auch gleich noch mitgehen lassen.«

»Was? Wozu?«, wunderte ich mich und hoffte, dass ich nicht wieder knallrot anlief.

Eddi zuckte nur mit den Schultern, während Jana mit aufgerissenem Mund ihr geliebtes Telefon anstarrte. »Mein iPhone!«, kreischte sie verzückt und ließ augenblicklich ihre Zigarette zu Boden fallen. »Endlich habe ich mein Leben wieder zurück.« Sie drückte sofort den Einschaltknopf. »Wie hast du das nur hingekriegt?«

Eddi sah verlegen zu Boden auf die noch glimmende Zigarette. »Ich habe dir doch gesagt, dass ich ein echtes Superhirn bin.«

»Wahnsinn!«, rief Jana anerkennend. »Es ist sogar noch Saft drauf.«

Eddi trat die Zigarette mit seinem Turnschuh aus. »Ohne Karo hätte ich es allerdings nicht geschafft.«

Jana blickte misstrauisch zu mir.

»Aber es war Eddis Idee«, betonte ich.

»Tja, das stimmt schon«, räumte er ein. »Doch nur dank deines genialen Nasenblutens hatten wir überhaupt eine Chance.«

Überrascht musterte Jana mich. »Das hätte ich dir gar nicht zugetraut, Karo.« Sie ging online und tippte schnell etwas ein. Ich las unbeabsichtigt mit.

Meine lieben Fans, habe endlich mein iPhone zurück. Jana Superstar ist wieder da. Bleibt auf diesem Kanal. Post the Most. XXX

Sie drückte den Senden-Knopf. »Dann war das mit dem Nasenbluten in Bio vorhin also Absicht?«

»Äh, nicht direkt«, erwiderte ich und blickte sie stolz an, »aber Eddi-Bergers-Mastermops-Superplan.«

Er und ich lachten vergnügt.

»Wir sind eben ein perfektes Team«, meinte Eddi grinsend.

»Sogar ein superperfektes Team«, bestätigte ich und lächelte. Kein Zweifel, Eddi mochte mich.

Jana sah von mir zu Eddi und zurück. Dann öffnete sie ihre Handtasche und holte seinen iPod heraus. »Hier, den brauche ich jetzt nicht mehr.«

Eddis Gesicht erstarrte. Das ganze Display seines iPods wies feine Risse auf. »Was ist denn damit passiert? Ist der dir runtergefallen oder was?«

»Ich habe gar nichts gemacht«, erklärte sie unschuldig. »Das war auf einmal so.«

Eddi schüttelte ungläubig den Kopf.

»Jetzt hab dich doch nicht so«, rief Jana gut gelaunt. »Ist doch nur das Display. Wenn das Ding neu ist, wird bestimmt noch Garantie drauf sein. Und jetzt erzählt mir lieber, wie ihr das mit meinem iPhone gedreht habt.«

Weil Eddi kein Wort mehr sprach, sondern nur noch fassungslos auf das kaputte Gerät starrte, berichtete ich kurz von unserem ›Besuch‹ bei Frau Ragge.

»Hast du das gefilmt?«, wollte Jana wissen.

»Nein«, sagte ich und runzelte die Stirn. »Das ging in dem Moment doch gar nicht.«

»Ich verrate dir einen einfachen, aber garantiert wirkungsvollen Trick. Das nächste Mal lässt du einfach die Kamera laufen. Auch wenn nur der Ton mitgeschnitten wird, bringt das schon jede Menge Punkte ein.«

Jana redete also wieder mit mir und gab mir sogar Tipps.

»Heißt das, dass wir jetzt wieder Freunde sind?«, fragte ich hoffnungsfroh.

Das Lächeln verschwand aus Janas Gesicht. »Nicht ganz«, erklärte sie streng.

»Wieso?«, rief Eddi und wurde auf einmal richtig wütend. »Ohne Karos Hilfe hättest du dein blödes iPhone bis jetzt noch nicht zurück!«

»Schon«, räumte sie ein. »Das reicht mir aber leider nicht.«

Schlagartig bekam ich schlechte Laune. Jana hatte sich nicht einmal bei uns bedankt. »Und was soll ich deiner Meinung nach machen, damit wir wieder Freunde sind?«

»Woher soll ich das wissen?«, blaffte sie zurück. »Beeindrucke mich, Schätzchen, beeindrucke mich.«

Herr der Augenringe

Die Klassenfahrt nach Paris sollte drei Tage dauern. Oder genau genommen zwei Nächte im Bus und einen Tag. Ich weiß schon, was du sagen willst: Das lohnt sich ja überhaupt nicht!

Stimmt schon. Aber was hätten wir denn machen sollen?

Nur gegen allergrößte Widerstände hatte es Sabine Olthoff überhaupt durchsetzen können, dass unsere Klasse ins Ausland reisen durfte. Direktor Klaasen war von Anfang an dagegen gewesen und zuletzt wäre beinah noch die ganze Fahrt an den Kosten gescheitert. Darum hatten wir in einer Kunststunde alle gemeinsam nach kreativen Sparideen suchen müssen, was mit einer ganz demokratischen Abstimmung zwischen zwei Möglichkeiten enden sollte: Entweder ganz auf die Reise zu verzichten oder zumindest eine abgespeckte Tour zu unternehmen – eben ohne Übernachtungen in der Jugendherberge.

»Wenn ihr mich fragt, ist das Ganze eine komplette Schwachsinns-Aktion«, hatte Jana vor versammelter Klasse geurteilt und ausgerechnet dem sonst so besonnenen Ivo war daraufhin der Kragen geplatzt.

Ivo: »Wozu mischst du dich da eigentlich ein, Jana? Du kommst doch eh nicht mit!«

Jana: »Ich weiß nun mal, wovon ich rede. Die Weltstadt Paris ist einfach viel zu groß für einen einzigen Tag. Also ich an eurer Stelle würde lieber hierbleiben, anstatt zwei Nächte in einem miefigen Bus eingesperrt zu sein.«

Ivo: »Ist es dir nie in den Sinn gekommen, dass manche Leute nicht nur online, sondern auch im *real life* mal was machen wollen?«

Jana: »Bitte, es ist eure Entscheidung. Ich habe es nur gut gemeint.«

Ivo: »Ich jedenfalls fahre nur aus einem einzigen Grund mit: Weil ich dann mal eine Pause von dir und deinem blöden iPhone habe. Endlich kann ich mich mal ungestört am Kopf kratzen, ohne befürchten zu müssen, dass du das gleich postest.«

Jana: »Ach, macht doch, was ihr wollt!«

Ivo: »Machen wir auch! Können wir jetzt bitte ohne die Online-Queen abstimmen?«

Nachdem sich alle bis auf Jana für die Fahrt ausgesprochen hatten, stiegen wir am Sonntagnachmittag in den grünblauen Reisebus auf dem Schulparkplatz. Neben Sabine Olthoff standen noch Doc Archibald und unser Französischlehrer Herr Schwertfeger vor dem Bus, um auf die vereinzelten Nachzügler zu warten. Auch ein paar Mütter und Väter mit kleinen Geschwistern und Videokameras drückten sich dort noch bis zur endgültigen Abfahrt herum. Meine Eltern hatte ich zum Glück mit Müh und Not von peinlichen Abschiedsszenen abhalten können.

Im Wageninneren herrschte ein reges Treiben. Alle rannten aufgeregt hin und her oder stiegen über die Polster. Wie die meisten wollte ich am liebsten ganz hinten sitzen, musste aber leider vorne bleiben. Denn auf Busfahrten wurde mir grundsätzlich schlecht. Niemand setzte sich zu mir.

Vielleicht war ich ja selbst daran schuld. Ich hatte mich so darauf gefreut, endlich mal mit Eddi alleine Zeit zu verbringen. Ohne eine befehlshaberische Jana, die sich immer in den Vordergrund spielen musste. Keine Ahnung, was ich mir da so Romantisches vorgestellt hatte: dass Eddi und ich Seite an Seite im Bus hockten und so lange über alles Mögliche quatschten, bis ich schließlich mit dem Kopf an seiner Schulter glücklich einschlief? Dass ich dabei seine rote Kappe tragen durfte?

Also hatte ich Eddi hoffnungsfroh den Platz neben mir angeboten. Aber als er kam, lehnte er ab. »Lass mal stecken, ich habe extra für Ivo *Herr der Ringe* auf meinem iPod dabei«, erklärte er. »726 Minuten *ultra-extended version*. Hat er noch nie gesehen.«

Ich versuchte mir meine Enttäuschung nicht anmerken zu lassen. »Ist der denn schon repariert?«

»Nö, wenn der iPod runterfällt, gibt's keine Garantie. Aber geht schon.«

»Na hoffentlich hält wenigstens dein Akku so lange durch«, murmelte ich schlapp.

»Keine Sorge, Dirty Eddi ist auf alles perfekt vorbereitet.« Selbstzufrieden hielt er einen kleinen, schwarzen Kasten hoch. »Gestatten, Mister Ersatz-Akku. Damit schaffen wir es sogar bis nach Timbuktu.«

Tja, und so blieb der Platz neben mir eben leer. Zwar konnte ich mich im Gegensatz zu den anderen ausstrecken und sogar hinlegen, aber auf einmal fühlte ich mich sehr einsam. Und dafür gab es einen guten Grund. Mittlerweile wurde Jana von den meisten in unserer Klasse gehasst, weil sie praktisch alle schon mal auf *ON SHOW* vorgeführt hatte. Mit mehr oder weniger peinlichen Aufnahmen. Und jeder im Bus wusste, dass sie und ich beste Freundinnen waren. Jedenfalls bis vor kurzem. Aber erst jetzt auf der Fahrt bekam ich so richtig zu spüren, wie stark ich mich durch Jana von allen anderen isoliert hatte. Von allen außer Eddi.

Nur mischte sich der, kaum war Jana einmal nicht dabei, lieber wieder unter sein altes Jungenrudel. Und an welcher Stelle kam bitte ich? Ich konnte mir nur wünschen, dass ich nicht wegen Ivo für die ganze Reise bei Eddi abgeschrieben war. Dabei tauchte ausgerechnet der überhaupt nicht auf.

Wir warteten über eine halbe Stunde auf ihn und ich machte mir langsam echt Hoffnungen, als der Junge doch noch abgehetzt und im schweißnassen Fußballtrikot angerannt kam. Ivo sah vollkommen fix und fertig aus: Die Haare klebten an seiner Stirn und er war ganz blass.

»Tut mir echt leid«, entschuldigte er sich atemlos bei Doc Archibald, »aber wir hatten heute ein Entscheidungsspiel, das mit Elfmeterschießen endete.«

»Hört mal bitte kurz zu«, rief Doc Archibald mit blecherner Stimme durch das Mikrofon, als wir uns bereits auf der Autobahn befanden. »Ihr könnt noch bis zehn Uhr quatschen, dann machen wir das Licht im Bus aus.« Sabine Olthoff raunte ihm etwas zu. Er beugte den Kopf zu ihr und nickte. »Ach ja«, fuhr er dann mit ernster Miene fort. »Noch eine sehr wichtige Information: Ich bitte euch inständig, keine blamablen Fotos voneinander zu schießen und sie dann auf *ON SHOW* zu posten. Wie ihr wisst, gab es wegen solcher Vorfälle schon genug Ärger. Und ihr wollt doch sicher nicht, dass wir alle eure Handys einkassieren?«

Eine halbe Stunde nach Abfahrt war im Bus ganz schön was los. Einige Schüler spielten Karten, andere warfen unter übermütigem Johlen ein ineinandergestülptes Sockenpaar kreuz und quer durch den Bus, während dabei das Radio über die Lautsprecher vor sich hin plärrte. Ich schlich mich kurz nach hinten zu Eddi, um einen Blick zu riskieren.

Was soll ich sagen, ich konnte einfach nicht anders, als meine Kamera aus der Hosentasche zu ziehen und ein Foto zu schießen. Ivo hielt Eddis iPod mit dem gesprungenen Display wie einen Schatz in seinen Händen. Noch immer hatte er sich nicht umgezogen und sah schmutzig, verschwitzt und verklebt aus. Eddi schien das nichts auszumachen. Er und ein paar andere Jungs starrten vollkommen gebannt auf den Minibildschirm und quetschten sich dabei wie ein Haufen Welpen gegen Ivo. Sehr zufrieden mit meinem Schnappschuss kehrte ich auf meinen Sitz zurück, deckte mich mit meiner Jacke zu und schloss für einen Moment die Augen. Kurz darauf traf mich das umherfliegende Sockenknäuel mit voller Wucht im Gesicht.

Im Morgengrauen hielten wir an einer belgischen Raststätte. Doc Archibald vertrat sich ein wenig die Beine. Ich ging mit Sabine und ein paar anderen zu den Toiletten. Wieder zurück, betrachtete ich meine schlafenden Mitschüler. Die meisten lagen komisch verdreht da, einer schnarchte. Nur in der letzten Reihe glimmte immer noch ein kleines Licht.

Während die Müdigkeit die anderen Jungs nach und nach überwältigt hatte, schauten Eddi und Ivo mit strahlenden Gesichtern immer noch *Herr der Ringe*. Zu Eddis Füßen lag ein beachtlicher Haufen zerknüllter Energy-Drink-Dosen. Ich kehrte zu meinem Platz zurück, konnte aber nicht mehr schlafen.

Gegen acht Uhr hielten wir in der Nähe des *Place de la Concorde*. Die Buskaffeemaschine ratterte und knatterte wie eine alte Dampflok. Im Wageninneren roch es nach einer Mischung aus Kaffee, Eiern und Salami. Um kein unnötiges Geld auszugeben, hatten wir alle unser Frühstück selbst mitgebracht und einige von uns setzten sich jetzt damit in die Morgensonne auf einen Brunnenrand. Ivo war totenbleich, hatte die dunkelsten Augenringe der Welt und trug trotz der angenehmen Temperatur eine Trainingsjacke über seinem Trikot. Eddi sah auch nicht viel frischer aus und schüttete gerade noch einen Energy Drink in sich hinein. Er bot Ivo einen Schluck an, der aber müde ablehnte.

»Und?«, fragte ich freundlich. »Seid ihr durch?«

Ivo schaute so ernst drein, dass ich schon dachte, ich würde wie Jana auf seiner Abschussliste stehen. Dann aber gähnte er herzzerreißend. »Was meinst du?«

»*Herr der Ringe*«, klärte ich ihn auf.

Jetzt starrte mich Ivo an, als würde ich Schwedisch mit ihm sprechen. Er blinzelte angestrengt und konnte kaum die Augen offen halten.

»Ganz durch«, tönte Eddi und rückte seine Kappe zurecht.

»Sogar mit allen Extras!« Anschließend gähnte er lautstark, was jedoch nahtlos in einen mächtigen Energy-Drink-Rülpser überging. Missbilligend drehten sich einige Passanten auf dem Platz nach uns um – zum großen Vergnügen unserer Mitschüler.

Später im Louvre trotteten Eddi und Ivo wie übermüdete Zombies durch die Säle. Von all den Kunstwerken schienen sie nur wenig mitzubekommen. Aber sobald ich mich unter die Mädchen mischen wollte, ging jede in eine andere Richtung davon. Also schloss ich mich doch wieder den beiden Jungs an. Das war letztlich auch gut so, sonst hätten sie in diesen verwinkelten Räumen noch den Anschluss verloren und wären womöglich auf einer der Bänke eingeschlafen. Weil wir immer hinterherhinkten, konnte ich jedoch nicht hören, was Sabine zu den einzelnen Ausstellungsstücken erzählte. Die beiden Jungs quälten sich mehr schlecht als recht durch den Vormittag, der ihnen endlos vorkommen musste.

Nach einer kurzen Verschnaufpause stand der Eiffelturm auf dem Programm. Eddi fragte Doc Archibald, ob er und Ivo nicht so lange im Bus warten konnten. Aber unser Klassenlehrer lehnte ab. »Mitgefangen, mitgehangen«, sagte er nur.

Erst in der Pizzeria durften sich Eddi und Ivo endlich mal hinsetzen. Das frühe Abendessen blieb der einzige Luxus unserer Reise. Der Laden sah allerdings ganz schön runtergekommen aus und erinnerte an eine dunkle Tropfsteinhöhle. Es roch nach kaltem Fett und auf der Theke standen jede Menge leere Wein- und Bierflaschen und schmutzige Gläser, die offensichtlich vom Abend vorher noch niemand weggeräumt hatte. Auch die fleckigen Tischdecken wirkten alles andere als einladend. Immerhin hatte ich in nächster Nähe zur Theke einen freien Platz neben Eddi ergattern können, der heißhungrig eine unansehnliche Lasagne verschlang. Meine Pizza Margherita machte auch keinen besseren Eindruck. Sie war kleiner als eine Frisbee-Scheibe, total labbrig und schmeckte eher wie ein Pizzakarton. Ich wollte mich gerade aufregen, dass ich für diesen Müll auch noch unverschämte 17 Euro bezahlen sollte, als einer meiner Mitschüler, der am anderen Ende des Lokals bei den Lehrern saß, seine große Cola umstieß. Das übervolle Glas ergoss sich in alle Richtungen über den Tisch und floss über die Kante hinab.

Blitzartig sprangen Lehrer und Schüler auf.

Da stieß mich Eddi an: Ivo. Das Universalgenie hockte uns gegenüber in sich zusammengesunken auf der Sitzbank und schlief. Tief und fest. Sein Kopf hing vornüber und der Mund stand leicht offen. Plötzlich putzmunter, holte Eddi seinen iPod heraus, um ein Foto zu machen.

»Mist«, fluchte er. »Ist wegen *Herr der Ringe* leer.«

»Ich habe doch noch meine Kamera.« Ich kramte sie aus meinem Rucksack und warf einen Blick auf die Lehrer, die immer noch mit der Aufwischaktion beschäftigt waren. »Aber warte, es fehlt noch etwas.«

Eddi runzelte die Stirn. »Und was?«

»Das gewisse Extra.« Ich sah zur Theke hinüber, stand auf und stellte möglichst unauffällig einige leere Wein- und Bierflaschen vor Ivo auf den Tisch. Eddi half mir begeistert. So hatten wir bald um die 20 Flaschen und Gläser zusammen. Anschließend machte ich jede Menge Fotos. Mal Ivo mit den

Flaschen allein, mal mit jemandem aus unserer Klasse an seiner Seite, der grinsend auf ihn zeigte. Eddi und ich wurden von Minute zu Minute übermütiger. Ich füllte Cola in ein gebrauchtes Weinglas und drückte es Ivo in die Hand, die schlaff auf dem Tisch lag. Er schien dermaßen weggetreten zu sein, dass er von all dem nichts mitbekam. Ich musste lachen. Auch Eddi hatte seinen Spaß. Dann fragte er plötzlich: »Hast du Lippenstift?«

»Wozu?«, erkundigte ich mich überrascht.

Eddi grinste bis über beide Ohren. »Dann können wir noch einen Gruß auf seine Stirn schreiben.«

»Warte«, sagte ich, »irgendwo in meinem Rucksack muss ich noch einen Edding haben.«

»STEHT ZU EUREN ERFOLGEN UND TROTZT DEN NÖRGLERN.«

So, an dieser Stelle muss ich mal ganz dringend etwas loswerden: Ich bin wirklich froh, dass ich dich habe. Wie gut es tut, das alles einmal loszuwerden. Viel zu lange schon schleppe ich diese bedrückenden Dinge mit mir herum. Für eine Zeit dachte ich, dass ich schon allein damit klarkäme. Aber das war ein Riesenirrtum. Wie oft lag ich nachts wach und machte mich selbst verrückt. Das ist manchmal heute noch so. Damals nach der Klassenreise fing das an.

Mir gingen immer die gleichen Fragen durch den Kopf: Trug ich vielleicht doch mehr Schuld am Nervenzusammenbruch von Frau Korbweiler, als ich mir eingestehen wollte? Ich hatte ihr zwar eine handschriftliche Entschuldigungskarte auch im Namen von Eddi geschrieben und eine Blume dazu gemalt, aber nie eine Antwort darauf erhalten. Und in der Schule war sie seitdem auch nicht mehr erschienen.

Oder die Sache mit Frau Archibald und diesem jungen Typen: Obwohl ich Jana mit allen Mitteln vom Posten hatte abhalten wollen, war ich nicht letztlich auch für die öffentlich gemachte Lügengeschichte mitverantwortlich? Schließlich waren wir drei ja in der festen Absicht losgezogen, irgendetwas Peinliches zu filmen.

Damals steigerte ich mich manchmal so sehr in meine Ängste hinein, dass ich mir vorstellte, wie mich meine Eltern verstießen. In meiner Panik sah ich mich schon in einem Heim für schwererziehbare Jugendliche landen. Zugegeben, das mit dem Heim mag für dich vielleicht hemmungslos übertrieben klingen. Aber eins kannst du mir glauben: Wenn du noch weit nach Mitternacht vor Sorgen nicht schlafen kannst, hat sich die Vernunft längst über alle Berge davongemacht. In solchen Momenten siehst du deine schlimmsten Befürchtungen wie einen Horrorfilm vor dir. Nur viel, viel realer.

Ich weiß schon, was du fragen willst: Gab es denn zu dieser Zeit gar niemanden, dem ich mein Herz ausschütten konnte? Gegenfrage: Wer sollte das denn sein? Jana schien so etwas wie Bedenken oder ein schlechtes Gewissen überhaupt nicht zu kennen. Und Eddi mochte ja ein netter Kerl sein, aber eben auch ein riesiger Kindskopf. Dass er so offensichtlich in Jana verknallt war, machte die Sache auch nicht gerade leichter. Gut, ich hätte vielleicht mit meiner Mutter reden können, aber seit dem Schwimmboot-Abend verstanden wir uns nicht gerade gut. Ich hätte mich höchstens an meinen Vater wenden können, aber dazu kam es irgendwie nie. Wenn du dich mitten in einem Strudel sich überschlagender Ereignisse befindest, wirst du manchmal einfach mitgerissen. Es gibt keine Bremse, keine Pausetaste, um dir mal in aller Ruhe Klarheit zu verschaffen. Erst merkst du gar nicht, dass du Hilfe brauchst, und dann stehst du irgendwann mit dem Rücken zur Wand und weißt nicht mehr weiter. So wie nach der Klassenreise.

Mein großer Erfolg auf *ON SHOW* -

Endlich gehörte der Streit mit Jana der Vergangenheit an. Sie sprach wieder völlig normal mit mir, als sei nie etwas gewesen. Sie lud mich sogar nach der Schule ins »O Sole Mio« zum Eisessen ein. Alleine, ohne Eddi. Weil sie die letzten Tage so fies zu mir gewesen war, wählte ich aus Rache den teuersten Eisbecher, den ich auf der Karte finden konnte. Die Wolfs hatten's ja.

Der »Eldorado-Becher« wurde mit sieben Kugeln, sieben Schirmchen, Schoko- und Karamellsoße, Goldstreuseln und mit einer Funken sprühenden Wunderkerze serviert.

Jana selbst bestellte nichts, nur einen zweiten Löffel.

»Und nun mach schon, Karo! Du musst mir einfach alles von der Klassenreise und deiner genialen Bilderserie erzählen.«

Leider muss ich zugeben, dass ich diesen Moment total genoss. Ich berichtete von »Herr der Ringe«, machte mich über die todmüden Jungs lustig, beschrieb die Pizzeria in allen Einzelheiten und übertrieb aus dramaturgischen Gründen hier und da ein wenig. Während ich redete, nickte Jana die ganze Zeit und unterbrach mich nicht ein einziges Mal.

»Nach unserer Rückkehr aus Paris habe ich keine Sekunde gezögert«, tönte ich. »Ich fand die Fotos von Ivo einfach viel zu witzig, um sie auf meiner Kamera verschimmeln zu lassen.«

Zwar hatte mich Eddi darin bestärkt, die ganze Serie zu veröffentlichen, weil mein letztes Posting schon ein hübsches Weilchen zurücklag. Aber darüber verlor ich natürlich kein Wort.

Jana rückte näher an mich heran. »Du hast es wirklich geschafft, Karo«, erklärte sie und legte mir anerkennend die Hand auf die Schulter. »Ich bin beeindruckt. Es wurde ja auch höchste Zeit, dass mal jemand diesem kleinen Angeber eine ordentliche Lektion erteilt.«

»Schon.« Ich schob mir etwas Kirscheis in den Mund. »Aber Ivo ist gestern und heute nicht in der Schule aufgekreuzt.«

»Ach was.« Jana winkte ab. »Mach dir bloß keine Gedanken. So wie du mir das beschrieben hast, muss der sich bloß mal richtig ausschlafen.«

»Und wenn er wegen der Bilder auf ON SHOW fehlt?«, fragte ich unsicher.

»Sei doch nicht immer so ein Angsthase, Karo«, meinte Jana. »Außerdem hat sich die Sache punktemäßig doch mehr als bezahlt gemacht.«

Das stimmte allerdings. Ich hatte alle 20 Bilder in eine Galerie gepackt und kletterte zu meiner großen Freude nach langer Zeit endlich wieder in der Bestenliste weiter nach oben. »Kein Wunder«, erklärte Jana und spielte mit ihrem langen Dessertlöffel. »Ich habe deine Aufnahmen unzählige Male geteilt und alle aufgefordert es mir nachzutun. Jana Superstar kann sich eben auf ihre Fans verlassen. So haben wir am Ende beide etwas davon. Und mit ein wenig Glück bekommen du und ich sogar eine Einladung.«

»Was denn für eine Einladung?«

Jana schüttelte verständnislos den Kopf. »Da bist du mal drei Tage weg und schon verpasst du den Anschluss. Paris liegt doch nicht neuerdings auf dem Mond, oder?«

Ich piekste sie scherzhaft mit meinem Zeigefinger in den Oberarm. »Jetzt spann mich nicht so auf die Folter.«

»Hey, Pfoten weg!«, fauchte sie und schlug mir auf die Hand. »Ich kann keine blauen Flecken gebrauchen. Morgen treffe ich Lenny. Der ist ein berühmter Fotograf und will mich ganz groß rausbringen. Ich soll …«

»Was für eine Einladung denn nun?«, unterbrach ich sie schroff und rieb meine schmerzenden Finger.

Bedeutsam hob Jana den Löffel. »Dann kläre ich dich mal auf. Ab einer gewissen Punktzahl lädt dich die ON SHOW in den Castingbus ein. Haben sie vor zwei Tagen bekannt gegeben.«

»Ein Castingbus?«, fragte ich aufgeregt. »Kommt der etwa auch nach Berlin?«

»Der kommt in jede Stadt. Aber nur mit einer entsprechend hohen Punktzahl darfst du da rein.«

»Und dann?«

»Schätzchen«, erklärte Jana in ihrem typischen Du-Dummerchen-Tonfall. »Dann machen sie Probeaufnahmen von dir und mir, damit die Community über uns abstimmen kann. Was denn sonst?!« Sie genehmigte sich schnell ein paar Löffel aus meinem Eisbecher. »Aber ich fürchte, ich muss dir vorher noch mal dringend Nachhilfe in Sachen Make-up geben.«

»Was stimmt denn mit meinem Make-up nicht?«, fragte ich empört. Immerhin benutzte ich in letzter Zeit regelmäßig Mascara und manchmal auch Lipgloss, alles ganz dezent.

»Weißt du, vor der Kamera ist mehr einfach mehr.« Sie schaute mich freundlich an. »Ich habe eine sehr gute Freundin, die Kosmetikerin ist. Die hat mir so ein paar Kniffe gezeigt.«

»Kann ich nicht auch zu der?«

Jana lehnte ab. »Nimm's mir bitte nicht übel, aber die liegt echt nicht in deiner Preisklasse.«

Schweigend stopfte ich weiter Eis in mich hinein. Nur schmeckte es auf einmal gar nicht mehr so gut.

»Außerdem haben sich unsere Chancen erheblich verbessert, seitdem dieser perverse Pennerfilmer Toni Roh raus ist«, fuhr Jana fort. »Er hat so einen Film von einem Ertrinkenden ins Netz gestellt. Keiner weiß, ob das echt oder ein Fake ist. Jetzt ist er jedenfalls wegen unterlassener Hilfeleistung dran und sie haben ihm sämtliche Punkte aberkannt und seinen Account gelöscht.« Lächelnd schwang sie ihren Löffel hin und her. »Schlecht für ihn, gut für uns.«

Damit zog sie den Eisbecher zu sich heran.

»Ich glaub, ich seh nicht richtig«, sagte Jana auf einmal und kniff ungläubig die Augen zusammen. »Täusch ich mich oder steht da auf der anderen Straßenseite Eddi und beobachtet uns?«

Tatsächlich. Und in diesem Moment kam er zu uns rüber. »Vielleicht ist er uns ja gefolgt«, murmelte ich.

Eddi trat schweigend an unseren Tisch und tippte sich zum Gruß kurz an die rote Kappe. Irgendwie sah er verstimmt aus. Vielleicht, weil wir ihn nicht mitgenommen hatten.

»Hallo Hündchen«, höhnte Jana. »Läufst du mir wieder einmal nach? Waff, waff.«

Doch Eddi beachtete sie gar nicht. »Sag mal, Karo, hast du das von Ivo gehört?«

Kein großer Erfolg in meinem Leben – Teil 1

Auch in den nächsten Tagen kam Ivo nicht an die Joseph-Weizenbaum-Gesamtschule zurück. Seine Eltern hatten ihn schriftlich abgemeldet. Kurz nach unserem Besuch in der Eisdiele erhielten mein Vater und meine Mutter einen Brief von Direktor Klaasen. Darin schloss er mich für unbestimmte Zeit vom Unterricht aus. Außerdem bestellte er meine Eltern für den nächsten Tag in die Schule ein. Ich sollte auch mit. Zu Hause setzte es wegen des Schreibens das volle Programm: Lautes Geschrei (Mama), lautere Drohungen (Papa) und noch lauteres Geheule (ich). Ich erspare dir lieber die Einzelheiten. Nur so viel: Jeder war auf seine Weise ratlos. Je weniger ich wusste, was ich sagen sollte, desto wütender wurden sie und desto mehr musste ich weinen. Ein echter Teufelskreis.

Am Ende verhängten mir meine Eltern ein striktes Fernseh- und Internetverbot und knöpften mir natürlich auch meinen Computer, mein Handy und meine neue Kamera ab. Beim Abendessen herrschte frostiges Schweigen und später im Bett lag ich wach. An Schlaf war absolut nicht zu denken. Der Schock saß so tief, dass mir meine unzähligen Punkte auf *ON SHOW* völlig egal waren. Und auch Janas wiedergewonnene Freundschaft tröstete mich kein bisschen. Meine Fotoaktion hatte Ivo von unserer Schule vertrieben! Zwar war Eddi auch beteiligt gewesen, aber der Löwenanteil ging schließlich auf mein Konto: Ich hatte die Idee mit den Weinflaschen, es war meine Kamera, mein Posting …

Zu den Schuldgefühlen kamen quälende Fragen: Durfte ich je wieder in meine alte Schule zurück? Und falls ja, würden die anderen Schüler mich dann alle hassen? Und falls nein, würde mich eine andere Schule nach all diesen Vorfällen überhaupt aufnehmen? Und wenn mich die neuen Mitschüler durch *ON SHOW* wiedererkannten? Würde jetzt Sabine Olthoff wegen mir ihren Job verlieren?

Ich boxte ein paarmal verzweifelt mein Kissen, aber es half alles nichts. Einen Moment lang dachte ich darüber nach, was wohl mein großes Vorbild Jana an meiner Stelle getan hätte. Vermutlich gar nichts. Alle Vorwürfe wären an ihr einfach abgeprallt und würden ihr nicht das Geringste ausmachen. Aber ich war nicht Jana. Und ich hatte Angst. Eine wahnsinnige Riesenangst. Kaum drückte ich meinen alten Stoffhasen an mich, liefen mir wieder die Tränen über die Wangen. Aus dem Wohnzimmer hörte ich meine Eltern noch bis tief in die Nacht miteinander streiten.

Kein großer Erfolg in meinem Leben – Teil 2

Im Konferenzsaal der Schule herrschte eine Stimmung wie bei Gericht. An der Längsseite des Besprechungstischs thronte unser glatzköpfiger Direktor mit der Hakennase wie ein Richter in der Mitte. Er trug einen schwarzen Anzug mit Krawatte. Vor ihm lagen seine Armbanduhr und ein Stapel Unterlagen. Zu seiner Rechten saß das gesamte Lehrerteam der Parisfahrt: unser Klassenlehrer Dr. Archibald, der Französischlehrer Herr Schwertfeger und unsere Kunstlehrerin Sabine Olthoff. Alle drei wirkten nervös und bedrückt.

Wir wurden gebeten auf der gegenüberliegenden Seite

Platz zu nehmen. Meine Eltern nahmen mich in die Mitte. Auch Eddi war zu meiner Überraschung mit seinen Eltern erschienen und saß neben uns. Ich schluckte. Dann musste der Direktor wohl auch ihn vom Unterricht ausgeschlossen haben. Zum ersten Mal sah ich ihn ohne Kappe und Kopfhörer, dafür mit so einem albernen Scheitel. Eddi schaute mich nicht an, sondern starrte zerknirscht auf seinen Schoß. Dafür warf mir seine Mutter einen bitterbösen Blick zu. Eddis Vater spielte so lange nervös mit einem klimpernden Schlüsselbund herum, bis seine Frau jäh hinübergriff und ihn ihm wegnahm.

Zwei leere Stühle weiter neben Eddis Familie entdeckte ich noch einen mir unbekannten, braun gebrannten Mann mit grauen Haaren. Er hatte sich zurückgelehnt und die Arme fest vor der Brust verschränkt.

»Ich komme gleich ohne Umschweife zur Sache«, lautete die nüchterne Begrüßung von Direktor Klaasen. »Wie Sie alle wissen, habe ich dieses Treffen einberufen, um mit Ihnen über diesen unseligen Vorfall auf der Klassenfahrt zu sprechen und darüber, wie wir damit verfahren wollen.« Er hielt kurz einen Ausdruck eines meiner Fotos von Ivo in die Höhe: Es wirkte wirklich so, als sei er nach einem Saufgelage ins Koma gefallen. Auf seiner Stirn prangte der Name »Jana« mit einem dicken, schwarzen Herz drum herum. Nur kam mir das alles mittlerweile überhaupt nicht mehr witzig vor.

»Diese entsetzlichen Aufnahmen geistern jetzt durch das Internet«, fuhr der Direktor fort. »Und verletzen damit nicht nur die Rechte eines unserer Schüler, sondern bringen auch unsere hoch angesehene Schule in Verruf. Das kann ich nicht dulden.« Klaasen legte das Papier zurück und rückte seine Uhr zurecht. »Es kommt erschwerend hinzu, dass es nicht das erste Vorkommnis dieser Art ist. Erst kürzlich hat es ja ein ähnlich furchtbares Ereignis gegeben, dem unsere gute Frau Korbweiler zum Opfer fiel. Und wie es aussieht, sind immer dieselben Schüler darin verstrickt.«

Der Direktor holte tief Luft und starrte Eddi und mich lange an. »Habt ihr etwas zu eurer Verteidigung vorzubringen?«

Eddi schwieg. Ich auch. Was hätten wir auch sagen sollen? Dass es nur ein blöder Spaß war? Oder dass es um den Sieg bei der ON SHOW ging? Wie konnten wir in einer solchen Runde auch nur einen Hauch von Verständnis erwarten, wenn wir etwas vernünftig erklären sollten, das einfach nicht vernünftig zu erklären war? Mir wurde schlecht. Da spürte ich, wie mein Vater seinen Arm um mich legte.

Der Direktor räusperte sich. »Dann deute ich euer Schweigen mal als Schuldeingeständnis.« Klaasen sah nun zu dem fremden Mann hinüber. »Sie stimmen mir sicher zu, Herr Zlivac, dass es nur gerecht ist, wenn wir die beiden Übeltäter von der Schule verweisen. Dann kehrt Ihr Sohn hoffentlich zum Unterricht zurück.«

Jetzt begriff ich: Das war Ivos Vater. Der Mann sagte eine ganze Weile lang gar nichts, sondern musterte Eddi und mich nur düster.

»Nein«, antwortete er dann knapp. »Ivo wird, wie ich Ihnen bereits am Telefon sagte, diese Schule nicht mehr betreten.«

Der Schulleiter bebte. »Herr Zlivac, wir werden gemeinsam mit der Suchtberatung eine Extra-Unterrichtseinheit zum Thema Alkohol abhalten.« Alkohol?! Bevor ich etwas dazu sagen konnte, fuhr der Direktor fort: »Mein Wort darauf. Davon abgesehen ist Ihr Sohn hier aber auch das Opfer. Diese beiden Mitschüler haben seine Persönlichkeitsrechte empfindlich verletzt.«

Mein Vater drückte mich ein wenig fester. Die Lehrer auf der anderen Seite reagierten überhaupt nicht. Sie wirkten irgendwie eingeschüchtert. Sabine Olthoff malte mit ihrem Kugelschreiber kleine Kreise auf einen Block. Immer wieder und wieder.

»Ivo geht es nicht gut«, erklärte Herr Zlivac. »Unser Sohn verkriecht sich den ganzen Tag in seinem Zimmer und mag das Haus nicht mehr verlassen. Nicht einmal zum Fußballspielen. Da wir uns nicht mehr zu helfen wussten, werden wir einen Psychologen zu Rate ziehen. Meine Frau leidet ebenfalls sehr unter der Situation.«

»Schlimm, schlimm«, befand der Direktor. »Sogar sehr schlimm. Aber umso wichtiger ist es meiner Meinung nach, die Täter empfindlich zu bestrafen.«

Herr Zlivac sah Eddi und mich traurig an.

»Ja, die beiden haben einen Fehler gemacht«, sagte er schließlich. »Aber letztlich sind sie noch Kinder und können nicht allein verantwortlich gemacht werden.«

»Ihre Eltern aber schon«, pflichtete Klaasen ihm bei und wandte sich unserer Seite zu. »Wenn Sie mehr auf Ihre Kinder achten würden, anstatt sie im Internet verwahrlosen zu lassen, wäre es nie so weit gekommen.«

Jetzt löste mein Vater seinen Arm von mir. »Verwahrlosen?«, unterbrach er den Direktor erbost. »Ich muss doch sehr bitten!«

Direktor Klaasen runzelte die Stirn. Mit Widerstand hatte er offensichtlich nicht gerechnet.

»Alle Eltern machen Fehler«, sagte Herr Zlivac ruhig. »Ich auch. Wir alle sind in der Erziehung unserer Kinder häufig Anfänger.«

Eddis Eltern verfolgten das Gespräch atemlos.

»Verstehe ich Sie richtig, Herr Zlivac?« Der Direktor kratzte sich ratlos am Kinn. »Sie sind bereit zu verzeihen?«

»Das habe ich nicht gesagt«, antwortete Ivos Vater. Dann wurde sein Tonfall deutlich schärfer. »Aber wären die Lehrer ihrer Aufsichtspflicht besser nachgekommen, säßen wir heute nicht hier.«

»Äh«, kam es aus dem Mund des Direktors. »Äh.«

»Wenn ich einer Schule mein Kind anvertraue, Herr Direktor Klaasen«, hob Ivos Vater an, »dann will ich nicht nur, dass es dort etwas lernt, sondern dass es da auch sicher ist. Das gilt nicht nur für den Unterricht allgemein, sondern auch ganz besonders für eine Klassenfahrt.«

Sabine Olthoff kritzelte immer weiter ihre Kreise, das Papier riss an den Stellen langsam auf. Doc Archibald und Herr Schwertfeger hielten den Blick ebenfalls gesenkt.

»Was sind das für Pädagogen«, fuhr Herr Zlivac jetzt richtig wütend fort, »die seelenruhig zuschauen, wie sich ihre Schüler betrinken?« Dann wandte er sich direkt an die Lehrer. »Wenn Sie besser aufgepasst hätten, dann gäbe es heute auch nicht diese Bilder von Ivo im Internet.«

Nun konnte ich mich nicht länger zurückhalten. »Das ist

alles allein meine Schuld«, rief ich so laut, dass alle zu mir schauten. Auch Eddi, der überrascht wirkte.

»Es war nur ein dummer Streich«, brach es aus mir heraus. »Ich wollte doch nicht, dass Ivo sich nicht mehr auf unsere Schule traut! Das wollte ich ganz bestimmt nicht.« Ich wandte mich an Ivos Vater: »Ich schwöre Ihnen, dass Ivo keinen Alkohol getrunken hat. Auch die Lehrer können wirklich nichts dafür. Erstens habe ich es ausgenutzt, dass sie gerade abgelenkt waren, und zweitens hatte Dr. Archibald uns allen auf der Hinfahrt das Aufnehmen und Posten solcher Fotos extra noch verboten.«

»Aber mein Sohn hat doch ein volles Weinglas in der Hand«, widersprach Ivos Vater und wies auf den Ausdruck.

»Das war doch bloß Cola«, mischte sich Eddi jetzt ein. »Ivo war einfach völlig übermüdet und ist mitten im Restaurant eingeschlafen. Und ich allein bin schuld daran. Wenn mein iPod nicht leer gewesen wäre, hätte Karo diese Fotos niemals gemacht, sondern ich.«

Eddis Eltern starrten ihren Sohn entsetzt an. Mir klappte die Kinnlade vor Verblüffung runter.

»Wie Karo schon sagte, es war ein Streich«, wiederholte Eddi verzweifelt. »Ein besonders blöder Streich. Und es tut mir auch wahnsinnig leid.«

»Dann war Ivo also gar nicht betrunken?«, fragte Herr Zlivac verwundert.

»Nein! Haben Sie ihn denn nicht gefragt?«, wollte ich wissen.

»Doch«, antwortete Herr Zlivac bekümmert. »Aber er will mit uns über die ganze Geschichte nicht sprechen.«

»Ich kann das nicht ungeschehen machen, Herr Zlivac«, meinte Eddi. »Aber ich möchte mich ebenfalls bei Ihnen entschuldigen. Ich wollte nicht, dass es Ivo so schlecht geht.«

Ivos Vater presste die Lippen aufeinander, bis sie ganz weiß wurden. Genau wie sein Sohn es immer tat. »Bei mir brauchst du dich nicht zu entschuldigen«, meinte er nach einer Pause. »Aber es wäre sicherlich angebracht, wenn ihr beide Ivo persönlich um Verzeihung bitten würdet.«

»Es wäre sicherlich aber auch ein gutes Zeichen für uns, die anderen Eltern und die Öffentlichkeit«, unterbrach nun der Direktor, »wenn Ivo wieder auf unsere Schule ginge. Herr Zlivac, ich gebe Ihnen mein Ehrenwort, dass die Angelegenheit auf jeden Fall Konsequenzen haben wird.«

»Na gut«, sagte Herr Zlivac zögerlich. »Ich werde meine Entscheidung noch einmal in aller Ruhe überdenken. Die Kinder sollen sich erst mal entschuldigen. Dann darf Ivo entscheiden. Aber ein Schulverweis der beiden bringt meinem Sohn auch nichts, Herr Klaasen.«

»Ich bitte Sie, ich muss doch schließlich ein Exempel statuieren!«, empörte sich der Direktor und wedelte mit dem Ausdruck. »Es soll doch nicht zu weiteren solcher Vorfälle kommen.«

»Ich halte das für keine besonders gute Idee«, widersprach Herr Zlivac. »Falls Ivo wirklich wieder auf diese Schule will, dann nicht um den Preis, dass zwei Mitschüler gehen müssen. Das würde den Druck auf ihn nur erhöhen und eher bewirken, dass es ihm noch schlechter geht.«

Kein großer Erfolg in meinem Leben – Teil 3

Es ist schon witzig. Früher habe ich mir oft vorgestellt, wie es wohl wäre, wenn ich nicht zur Schule gehen müsste. Einmal habe ich meinen Eltern sogar starke Kopfschmerzen vorgegaukelt, damit ich zu Hause bleiben durfte. Den ganzen Tag habe ich vergnügt im Schlafanzug verbracht, in den Schränken und Schubladen meiner Eltern herumgeschnüffelt und später so lange Fernsehen geschaut, dass ich am Ende echte Kopfschmerzen hatte. Wenn du nicht zur Schule *willst*, ist es ganz okay, mal zu fehlen. Aber wenn du nicht zur Schule *darfst*, fühlt sich das richtig mies an. Darum war ich auch unglaublich erleichtert, als Eddi und ich wieder zum Unterricht zugelassen wurden. Wenn auch nur vorläufig. Angeblich musste Direktor Klaasen noch mit dem Elternbeirat und der Schulverwaltung sprechen, bevor er eine endgültige Entscheidung über unser Schicksal treffen konnte. In Wahrheit wollte er vermutlich nur abwarten, ob Ivo zurückkam. Und das würde höchstens dann geschehen, wenn Eddi und ich uns aufrichtig bei ihm entschuldigten.

Seit der Sache mit Ivo kassierten unsere Lehrer Handys noch gnadenloser ein als zuvor. Wir wurden sogar aufgefordert andere Schüler zu melden, die in der Schule ihr Telefon benutzten. Das verbesserte die Grundstimmung an der Weizenbaum-Gesamtschule auch nicht gerade. Außerdem erhielten alle Eltern einen Rundbrief von Direktor Klaasen, in dem er das unerbittliche Handyverbot begründete und allen Eltern praktisch befahl ihren Kindern die Teilnahme an *ON SHOW* zu verbieten. Dann folgte für die Ahnungslosen eine umständliche Beschreibung dessen, was *ON SHOW* überhaupt war. Die ganzen falschen Ausdrücke kamen mir schon lustig vor, aber in der Schule hatte ich ansonsten wenig zu lachen. Ein Teil der Schüler nannte Eddi und mich *Mobber* und mied uns demonstrativ. Dabei hatten die meisten von ihnen die Fotos von Ivo geliked und mir reichlich Punkte gegeben. Auch Doc Archibald, Herr Schwertfeger und Sabine Olthoff behandelten uns anders: Im Unterricht ließen sie uns keine Sekunde aus den Augen. Ständig nahmen sie einen von uns dran. Wir mussten höllisch aufpassen, denn für falsche Antworten hagelte es sofort schlechte Noten in der mündlichen Mitarbeit.

Genau genommen gab es nur einen Menschen, der sich uns gegenüber noch normal verhielt.

»Na, wie ist dein Treffen mit dem Direx gelaufen?«, fragte mich Jana in der Hofpause spöttisch. Eddi, der direkt neben mir stand, war mal wieder nur Luft für sie. »Wie ich sehe, ist dein Kopf noch dran.« Sie trug noch höhere Absätze als sonst und war auch stärker geschminkt. Betont lässig zog sie eine Zigarette aus der Packung und steckte sie sich zwischen die Lippen. »Hast du Feuer?«

Ich schüttelte den Kopf. »Wenn wir uns bei Ivo entschuldigen, kommen wir vielleicht mit einem blauen Auge davon.«

Sie riss den Mund auf und die Zigarette fiel zu Boden. »Ihr euch entschuldigen? Bei dem?!«, rief sie so aufgebracht, dass sich andere Schüler nach uns umdrehten. »Wieso das denn?«

Eddi klärte sie auf: »Wegen unserer blöden Aktion geht es Ivo total schlecht.«

»Jetzt verstehe ich gar nichts mehr«, wunderte sich Jana.

»Das war doch ein Riesenspaß! Haben die Menschen auf einmal gar keinen Humor mehr, oder was?«

»Hör zu, Jana«, erwiderte Eddi scharf, »wenn Ivo wegen uns in Therapie muss, dann hat das mit Spaß rein gar nichts mehr zu tun!«

»Schwachsinn.« Jana rümpfte die Nase und hob ihre Zigarette wieder auf. »Macht euch bloß nicht so viele Gedanken. Wenn ihr mich fragt, war der Typ schon vor Paris ein echter Psycho. Ihm tun sicher ein paar Tage in der Klapsmühle ganz gut.«

Mir verschlug es glatt die Sprache. Dass Jana so eiskalt war, hätte ich nicht gedacht. Auch Eddi schüttelte den Kopf. »Wieso hast du eigentlich keinen Brief vom Direx bekommen? Die Fotos wurden schließlich auch von dir gepostet. Der muss dich doch wegen der angeblichen heißen Liebesfotos von Doc Archibalds Frau noch auf dem Kieker haben.«

»Ich?« Scheinbar gleichgültig fuhr Jana sich durch die offenen Haare. »Wer sagt euch denn, dass Jana Superstar keine Post von der Schule bekommen hat? Ich werfe nur solche Sachen immer gleich weg.« Sie plinkerte mit den Wimpern. »Wozu soll ich meine Eltern unnötig mit solchen Bagatellen aufregen? Die haben sich ihren Urlaub schließlich verdient ...«

»Und wieso bist du dann nicht wenigstens alleine zur Konferenz gekommen?«, hakte Eddi nach. »Du hättest uns ruhig beistehen können.«

»Ohne meine Eltern gehe ich prinzipiell nirgendwohin.«

»Was soll das denn für eine dumme Ausrede sein?«, meinte Eddi enttäuscht.

Jana spielte mit ihrer Zigarette herum. »Kann ich vielleicht was dafür, dass die beiden gerade auf Barbados sind?«

Ich runzelte die Stirn. »Ich dachte auf Teneriffa?«

»Sind weitergefahren«, erklärte Jana prompt. »Mit ihrer Jacht.«

»Aber liegt Teneriffa nicht zwischen Spanien und Afrika?«, rätselte ich. »Und Barbados ist doch in der Karibik …«

Meine Zweifel schienen ihrer guten Laune keinen Abbruch zu tun. »Ach, was weiß ich denn?«, rief Jana quietschvergnügt und steckte die Zigarette mit ihren langen Nägeln vorsichtig in die Packung zurück. »Außerdem haben wir echt Wichtigeres zu besprechen. Sagt mal, habt ihr schon mein Foto-Shooting auf ON SHOW gesehen?«

Ich schüttelte traurig den Kopf. Alles drehte sich immer nur um sie. Ich spürte, wie bei diesem Gespräch etwas in mir langsam abstarb.

»Was?«, rief sie entsetzt. »Und weshalb nicht? Wie kann euch so was nur entgehen?«

»Internetverbot«, erklärte ich einsilbig.

Jana verdrehte die Augen. »Was ist nur mit euch beiden trüben Tassen los? Hey, aufwachen! Die Bewerbungsfrist für die ON-SHOW läuft langsam ab!« Sie hob ungläubig die Hände. »Internet verbieten? So was geht doch heutzutage gar nicht.«

»Und ob«, meinte Eddi. »Unsere Eltern haben uns jedenfalls alle Geräte weggenommen. Bis zu unserem Lebensende oder sogar noch länger.«

»Und?«, fragte sie unbeeindruckt. »Das lasst ihr Doofis euch gefallen? Wie wollt ihr denn so gewinnen? Wartet, ihr könnt mein iPhone mitbenutzen …«

Jana zog ihr Smartphone aus der Tasche. Weder Eddi noch ich reagierten.

»Pass besser auf«, warnte ich sie nur. »Wenn dich ein Lehrer damit erwischt, nimmt er es dir sofort weg.«

»Das kann er ja gerne mal versuchen«, erklärte Jana kampflustig. Dann hellte sich ihre Miene auf. »Leute, ihr müsst euch das wirklich ansehen. Lenny hat mir extra einen Stylisten besorgt, mich in sündhaft teure Markenklamotten von Dolce & Gabbana gesteckt und dann in so schicken Oldtimern fotografiert. Schaut mal, wie super die Aufnahmen geworden sind.«

Eddi und ich bewegten uns keinen Millimeter. Aus der Entfernung erkannte ich Jana, auf einem Lederrücksitz posierend. Ihr Rock war ganz schön weit hochgerutscht.

»Kommt schon, seid nicht solche Flaschen.« Sie wedelte mit dem iPhone vor unseren Nasen herum. »Los, loggt euch ein und gebt mir meine wohlverdienten Punkte. Wir haben schließlich einen Pakt, schon vergessen?«

Typisch. Wenn es ihr diente, hatten wir einen Pakt. Aber was tat sie eigentlich umgekehrt für uns?

»Okay«, sagte ich gedehnt. »Aber nur, wenn du mit zu Ivo kommst.«

»Wozu denn?«, fragte sie ungehalten. »Sollen wir etwa Fotos von ihm in der Gummizelle machen?«

»Haha, sehr witzig. Nein, wir sollten uns bei ihm entschuldigen. Alle drei.«

Jana wich einen Schritt zurück. »Nicht im Ernst, Leute!« Zweifelnd schaute sie uns an. »Ihr werdet doch denen nicht nachgeben.«

»Mit Nachgeben hat das nichts zu tun«, stellte Eddi klar. »Wir *wollen* uns entschuldigen.«

»Komm schon, Jana«, versuchte ich sie zu überreden. »Wir drei müssen schließlich zusammenhalten. Nicht nur in guten Zeiten.«

»Vergiss es, Schätzchen! Erstens bin ich kein solches Weichei, zweitens habe nicht *ich* diese Fotos gemacht und drittens bin ich auf eure jämmerlichen Punkte zum Glück nicht angewiesen. Auch so sind die Fotos das reinste Klick-Inferno.«

»Aber davon profitiert hast du schon«, blaffte Eddi sie wütend an. »Du hast schließlich die Bilder von Ivo fleißig geteilt.«

Doch Jana hörte nicht mehr zu. Völlig fasziniert starrte sie auf ihr kleines Display.

»Das gibt's nicht!«, rief sie. »Das gibt's doch nicht!« Dann reckte sie den Arm mit dem iPhone in die Luft. »Ja! Ja! Ja!«, jubelte sie und hüpfte auf ihren hohen Schuhen auf und ab.

»Das glaubt ihr nie!« Jana strahlte jetzt über das ganze Gesicht. »Ich habe es geschafft! Jetzt habe ich es wirklich geschafft!«

»Was denn?«, fragte ich lahm.

»Ich bin zum Castingbus eingeladen!«, platzte es voll Stolz aus ihr heraus und dann fiel sie mir um den Hals. »Du musst unbedingt nachsehen, ob du auch eine Einladung hast, dann können wir ja zusammen hingehen.«

Als sie sich mit dem Mobiltelefon in der Hand wieder von mir löste, stand plötzlich Herr Schwertfeger hinter uns. »Her mit dem Telefon«, sagte er nach einem nervösen Räuspern.

Jana lächelte ihn an. »Das können Sie gerne haben.« Langsam steckte sie ihr iPhone in die vordere Hosentasche. »Aber holen müssen Sie es sich schon selbst.«

Kein großer Erfolg in meinem Leben – Teil 4

Ich habe nie wieder ein Mädchen kennengelernt, das so unerschrocken war wie Jana Maria Wolf. Sie knickte einfach vor nichts und niemandem ein. Nicht einmal vor einem Lehrer. Sicher, sie hatte bestimmt viele schlechte Eigenschaften. Aber ihren Mut fand ich schon bewundernswert. Ich dagegen war leider ganz anders gestrickt. Und auch Eddi fehlte irgendwie diese furchtlose Entschlossenheit. Warum sonst schoben wir beide den Besuch bei Ivo immer weiter auf? Wenn es für »Drückebergerei« einen Eintrag ins Guinnessbuch der Rekorde geben würde, müssten wir uns vermutlich beide den ersten Platz auf dem Siegertreppchen teilen. Jedenfalls ließen wir einige Tage tatenlos verstreichen. Irgendwann waren wir jedoch beide an einem Punkt angelangt, an dem uns die eigene Feigheit genauso unerträglich wurde wie die Vorstellung, Ivo um Verzeihung zu bitten. So beschlossen wir die Sache endlich hinter uns zu bringen. Schweren Herzens stiegen wir in die S-Bahn. Die ganze Fahrt nach Spandau schwiegen wir. Dabei wäre es klug gewesen, jetzt abzusprechen, wer was zu Ivo sagen würde. Mit bleiernen Schritten erreichten wir schließlich Ivos Wohnhaus. Eddi fuhr mit dem Zeigefinger über die Namensschilder. Nachdem er endlich den Namen Zlivac gefunden hatte, weigerte er sich aber zu läuten. Wir stritten so lange, bis eine ältere Frau mit Rollator aus dem Haus trat und die Tür lächelnd für uns aufhielt. Langsam stiegen wir das knarrende Treppenhaus hoch in den dritten Stock. Eddi riss sich zusammen und klingelte. Aber als sich die Tür öffnete, huschte der Angsthase plötzlich hinter mich.

»Oh, hallo!« Ivos Vater stieß einen überraschten Pfiff aus. »Ehrlich gesagt hätte ich schon früher mit euch beiden gerechnet.«

Während ich rot anlief, versteckte sich Eddi weiterhin wie ein Kind hinter mir. »W-wir wollten ja eher kommen«, stotterte ich, »aber wir mussten so viel für die Schule machen.«

»Schon klar.« Ivos Vater stemmte die Hände in die Hüften. »Wie auch immer, Kinder, ihr kommt zu spät. Ivo ist weg.«

»Weg?«, keuchte ich geschockt. Sofort sah ich Ivo in einer Klinik vor mir. Mit Zwangsjacke im Rollstuhl sitzend und den Blick stumpf ins Leere gerichtet. »Wohin denn?«

Doch Herr Zlivac lachte und klopfte mir versöhnlich auf die Schulter. »Ivo ist heute nur das erste Mal wieder zum Fußball gegangen. Sein Trainer hat angerufen und ihn endlich überreden können. Sie bereiten sich heute auf ein wichtiges Spiel vor.«

»Ist er denn wieder ganz gesund?«, erkundigte ich mich schwach.

»Der Psychologe meinte, es würde ihm guttun, wieder unter Menschen zu kommen. Diese Stubenhockerei führt doch zu nichts. Wartet, ich schreibe euch die Adresse auf. Ihr müsst euch allerdings beeilen, das Training ist bald vorbei.«

Eine Sache könntet ihr schon für mich tun

»Hörst du das?«, fragte mich Eddi mit ernstem Gesicht, als wir wieder am S-Bahnhof Spandau standen. Ich sah mich um. Aber außer dem Dröhnen des Stadtverkehrs bemerkte ich nichts. »Was meinst du?«

»Die Fressalien.« Er wies auf den vergitterten Süßigkeitenautomaten auf dem Bahnsteig. »Sie rufen verzweifelt um Hilfe: Holt mich hier raus, holt mich hier raus …«

Ich stöhnte laut. Hätte ich mir ja gleich denken können, dass wieder mal seine Witzstunde geschlagen hatte. »Und wo war deine große Klappe eben bei Ivos Vater?«

Eddi ging erst gar nicht auf meine Frage ein. »Der *fantastische Mr Ed* muss auf der Stelle die armen Süßigkeiten befreien«, verkündete er heldenhaft. »Hast du einen Euro?«

Gleichgültig suchte ich ein paar Münzen aus meiner Tasche und reichte sie ihm. Eddi warf das Geld ein. »Entscheide du«, rief er fröhlich. »Wen soll der *fantastische Mr Ed* zuerst retten?«

Ich zuckte mit den Schultern. »Mir egal.«

Er drückte eine Zahlenkombination und zog eine Packung Chips aus dem Automat. Eddi riss die Tüte auf und hielt sie mir hin. »Du weißt schon, dass Ivo vermutlich nie wieder ein Wort mit uns wechseln wird.«

Ich nickte, griff willenlos in die Tüte und kaute mechanisch auf zwei Chips herum. »Glaubst du wirklich, dass er hier noch aufkreuzt?«

Wir hatten beschlossen am Bahnhof auf Ivo zu warten, anstatt ihn bei seinem Fußballspiel zu überraschen. Wer weiß, wie er vor seiner Mannschaft reagiert hätte.

Eddi stopfte sich eine ganze Handvoll in den Mund. »Irgendwann muss auch ein Genie mal nach Hause kommen, oder?«

Eine S-Bahn fuhr in die Station ein. Leute stiegen eilig aus, andere ein, die Türen schlossen sich, der Zug fuhr wieder ab. Nur Ivo war nicht dabei.

Irgendwann fiel Eddi die leere Chipstüte zu Boden, die er daraufhin eine Weile lustlos hin und her kickte. Sie landete direkt vor meinen Füßen. Ab da spielten wir gemeinsam. Ein paarmal wollte uns der Wind die Packung fortreißen, doch konnten wir sie immer wieder einfangen. Wir hörten erst auf, als die Tüte endgültig über die Gleise geweht wurde. Kraftlos ließen wir uns auf einer der Bänke in der Nähe der Treppe nieder.

Nach vier oder fünf weiteren S-Bahnen stieg plötzlich Ivo mit einer riesigen Sporttasche aus. Als er uns sah, stutzte er einen Moment. Dann lief er weiter.

»Warte, Ivo«, bat ich und sprang auf. »Wir möchten mit dir reden.«

»Ich weiß schon, was ihr wollt«, antwortete er, ohne seinen Schritt zu verlangsamen. »Ich kann euch beruhigen: Ab morgen komme ich wieder zur Schule.«

»Jetzt bleib doch mal stehen«, rief Eddi ihm hinterher.

Ivo stellte plötzlich seine Tasche ab, verschränkte die Arme und sah uns kühl an.

Eddi schob verlegen seine Kappe zurück. »Dann wechselst du also nicht?«

»Nein. Wer weiß, was mich an einer anderen Schule erwarten würde. Ich stehe nun mal nicht auf große Veränderungen und bleibe euch also noch eine Weile erhalten.«

»Darüber bin ich sehr froh«, stieß ich aus. »Ganz ehrlich.« Am liebsten wäre ich ihm um den Hals gefallen. Nur traute ich mich irgendwie nicht.

»Die Mathenachhilfe könnt ihr allerdings vergessen!«, schob Ivo hinterher.

»Schon klar.« Eddi biss sich auf die Unterlippe. »Ist ja auch nicht so wichtig.«

»Für euch vielleicht nicht, aber ›Jana Superstar‹ wird mit hundertprozentiger Sicherheit das Schuljahr nicht packen. Auf den Zeugnistag freue ich mich jetzt schon. Danach haben wir alle ein mächtiges Problem weniger.«

Das überraschte mich. »Das klingt ja fast so, als wärst du mehr auf Jana als auf uns beide sauer.«

Ivo versetzte seiner Sporttasche einen leichten Tritt. »Damit es keine Missverständnisse gibt: Ich bin stinksauer auf euch beide, auch wenn ich nicht herumschreie und um mich schlage. Ich ticke da eben anders. Aber was ihr beide mit mir in der Pizzeria abgezogen habt, war eine echte Schweinerei!«

»Da hast du absolut Recht«, versuchte ich ihn zu beschwichtigen. »Aber was hat das mit Jana zu tun? Sie war doch in Paris überhaupt nicht dabei …«

Ivo hob beschwörend den Zeigefinger und blickte uns finster an. »Jana ist *immer* dabei! Merkt ihr das denn nicht? Selbst wenn sie körperlich nicht anwesend ist. Ich habe die letzten Tage viel Zeit gehabt, einmal genau über alles nachzudenken. Hätte euch Jana nicht mit dem *ON-SHOW*-Wahnsinn angesteckt, wäre es vielleicht niemals zu den Fotos auf der Klassenfahrt gekommen.«

Ivo schimpfte immer weiter über Jana und redete sich richtig in Rage. Schließlich gab ich mir einen Ruck. »Trotzdem, Ivo«, unterbrach ich seine Wutrede, »wir wollten dir unbedingt etwas sagen …«

»Oh, Mann!« Genervt wandte er sich ab. »Ich weiß schon, was jetzt kommt. Bitte erspart mir euer tolles *Sorry* …«

»Aber …«

»Von meinem Vater weiß ich, dass er eure Entschuldigung zur Bedingung gemacht hat. Aber ganz ehrlich, Leute, ein einfaches Lippenbekenntnis nützt mir gar nichts.«

»Aber es tut mir wirklich aufrichtig leid!«, rief ich. »Ich schwör's dir. Diese ganze Aktion war einfach richtig mies von mir.«

»Und von mir war das sogar extra supermies und ultrasuperfies doppelplus mit einer Extraportion Zwiebeln«, ergänzte Eddi und hielt Ivo die Hand hin. »Hey, niemand weiß besser als du, dass ich nur Kacke im Hirn habe. Bitte entschuldige, Mann, und glaub mir, dass ich das alles nicht gewollt habe!«

Ivo sah uns prüfend an. Schließlich drückte er erst Eddi die Hand, dann mir.

»Hör zu«, seufzte Eddi erleichtert, »ich weiß schon, dass sich nichts mehr ungeschehen machen lässt. Aber wenn wir irgendetwas für dich tun können, dann musst du es nur sagen.«

»Na ja …« Ivo hob langsam seine Tasche auf. »Mir würde da schon etwas einfallen.«

»Und was?«, fragte ich begierig.

»Egal was es ist, wir machen es sofort«, versprach Eddi.

»Meldet euch bei *ON SHOW* ab.«

Ich dachte, ich hätte mich verhört. »Was sagst du?«

»Loggt euch aus, löscht euer Benutzerkonto, macht einfach nicht mehr mit. Ihr habt ja gesehen, wohin das alles führt.«

Ich schluckte. Seitdem mir meine Eltern den Computer weggenommen hatten, machte ich mir ohnehin keine Hoffnungen mehr auf den Sieg. Aber abmelden?! So weit hatte ich noch nie gedacht.

»Ihr habt mich gefragt«, meinte Ivo achselzuckend. »Denkt mal darüber nach. Je weniger Leute bei dieser Scheiße mitmachen, desto eher kehrt wieder Frieden auf unserer Schule ein.«

Auf dem Weg zurück fasste ich einen Entschluss. Zu Hause erzählte ich gleich meinen Eltern von unserem Gespräch mit Ivo. Dass er wieder zur Schule kommen wollte, besänftigte sie ein wenig. In den letzten Tagen hatte sich vor allem meine Mutter mir gegenüber sehr kühl verhalten. Ich hatte nur einen Wunsch: dass es zu Hause wieder so wie früher wurde.

»Ich brauche meinen Computer zurück«, erklärte ich. »Ich will mich bei *ON SHOW* abmelden. Das bin ich Ivo schuldig.«

Bevor ich mein Konto endgültig löschte, wollte ich noch ein letztes Mal durch meine Postings blättern. Dabei wurde mir doch etwas wehmütig zu Mute. Ich klickte auch noch einmal auf Janas Seite. Sie hatte die Wahrheit gesagt: Die Modelfotos von ihr sorgten für totalen Aufruhr. Sie hatte dafür so unglaublich viele Punkte erhalten, dass mir regelrecht die Kinnlade herunterklappte. Nur lag dieser Wahnsinnserfolg gar nicht direkt an den tollen Aufnahmen. Vielmehr machte eine sehr merkwürdige Diskussion auf *ON SHOW* die Runde: Irgendjemand hatte behauptet, dass Jana auf dem Bild mit dem hochgerutschten Rock keine Unterhose trug. Ich selbst konnte zwar nichts Genaues erkennen, doch noch während ich das Foto betrachtete, stieg ihre Punktzahl weiter und weiter nach oben. Ganz offensichtlich lockte dieses Gerücht etliche Neugierige an, die zum Teil echt eklige Kommentare abgaben. Ich hatte genug gesehen. Eine ganze Weile wühlte ich mich ratlos durch meine Privateinstellungen. Die waren allerdings so unübersichtlich, dass ich den blöden Abmeldeknopf nirgends finden konnte. Darum ging ich ein weiteres Mal alle Reiter durch und entdeckte unter *Nachrichten* eine neue Mitteilung. Ich rang nach Luft. Die Macher der *ON SHOW* hatten mich zum Castingbus eingeladen. Der Termin war morgen.

Lieber Shopping als Mobbing

Ivo hielt sein Wort. Am nächsten Tag saß er wieder auf seinem alten Platz in unserer Klasse und wurde von Doc Archibald für seine »Zivilcourage« gelobt. Nur Jana fehlte mal wieder. Wahrscheinlich bereitete sie sich schon den ganzen Morgen auf ihren Auftritt im Castingbus vor. Ausnahmsweise würde sie heute kaum etwas verpassen, weil der Unterricht wegen einer außerordentlichen Konferenz schon nach der zweiten Stunde enden sollte. Ich sah mich verstohlen nach Eddi um, der aber gerade auf Ivo einredete. Mir war klar, worum es bei dieser Sitzung gehen würde: um das weitere Schicksal von Eddi und mir. Mussten wir uns am Ende doch eine neue Schule suchen? Zu gerne hätte ich Doc Archibald gefragt, ob er etwas wusste, aber das traute ich mich vor allen anderen nicht. Meine lieben Klassenkameraden setzten mir in letzter Zeit sowieso ganz schön zu. Nicht offen und direkt, sondern mehr so hintenrum: Mal fehlte morgens plötzlich mein Stuhl, mal verschwanden meine Hefte oder Stifte. Ich fand auch öfter Abfall in meiner Tasche oder bösartige Kritzeleien an der Tafel und den Klotüren. Die Lehrer schienen bisher nichts davon bemerkt zu haben – oder sie schwiegen dazu. Eddi meinte, ich sollte mir daraus nichts machen. Aber ihn ließen sie merkwürdigerweise auch in Ruhe.

Als die Klingel zur großen Pause läutete, schnappten wir unsere Taschen und liefen die Treppe zum Ausgang hinunter. Plötzlich verpasste mir jemand einen kräftigen Stoß. Augenblicklich verlor ich das Gleichgewicht und fiel nach vorn, konnte mich aber gerade noch mit einer Hand am Geländer festhalten. Wütend drehte ich mich um, doch in der Menge gab sich niemand als Täter zu erkennen.

Draußen vor der Schule prallte mir eine unglaubliche Hitze entgegen. Noch immer klopfte mein Herz wie wild vor Schreck. Ich holte meine Wasserflasche heraus und trank die letzte, kleine Pfütze. Und wer stieg genau in diesem Moment auf der gegenüberliegenden Straßenseite aus einem silbernen Porsche? Richtig, »Jana Superstar«. Sie hatte ihre Haare hochgesteckt und stolzierte in einem leichten Sommerkleid und nur mit einer kleinen Umhängetasche in Richtung Eingang.

»Wo kommst du denn jetzt her?«, fragte ich gereizt.

»Meine Eltern sind heute Morgen in aller Frühe mit dem Flieger in Tegel gelandet«, erklärte sie gut gelaunt. »Wir waren eben ganz vornehm im Kempinski zum Champagnerfrühstück.« Sie wies auf den Strom der Schüler, die gerade das Gebäude verließen. »Ist das eine Feueralarm-Übung oder habe ich was verpasst?«

»Der weitere Unterricht fällt wegen einer Konferenz aus«, klärte ich sie auf.

»Cool«, rief sie erfreut und griff in ihre Tasche. »Dann können wir ja gleich shoppen gehen.« Fröhlich wedelte sie mit einem Bündel Geldscheine. »Sieh mal, von meinen Eltern. Damit ich mir für den Castingbus neue Klamotten kaufen kann.« Jana wies auf ihr schickes, helles Kleid und verzog das Gesicht, als wäre es der letzte Lumpen. »So kann ich da auf keinen Fall hin.«

»Ich habe auch eine Einladung bekommen«, unterbrach ich sie.

»Echt?« Sie wirkte wenig begeistert. »Zeig her.«

Ich zog einen zerknitterten Ausdruck mit meiner Teilnehmernummer aus der Tasche und hielt ihn ihr hin. »Genau darüber wollte ich eigentlich mit dir sprechen.«

»Dann komm doch einfach mit«, sagte Jana, drehte sich abrupt um und ging eilig weg. Mir blieb nichts anderes übrig, als ihr hinterherzulaufen, wenn ich mit ihr reden wollte.

Doch da sie mich auf dem Weg pausenlos mit ihren neusten Erlebnissen zutextete, kam ich gar nicht mehr zu Wort. Sie prahlte damit, dass sie durch ihren Erfolg auf ON SHOW mittlerweile schon überall erkannt und von wildfremden Menschen um Autogramme gebeten wurde. Gestern hatte sie in der Schlange vor einer Disco alle überholen dürfen, weil der Türsteher ein Fan von ihr war. Und dann hatte ihr Lenny auch noch beim Fernsehen ein Interview zum ganzen Rummel um ON SHOW vermittelt. »Die wollten sich noch bei mir melden. Aber das hast du sicher schon gesehen«, plapperte sie munter weiter. »Ich habe schließlich alles gepostet.« Sie griff in ihre Handtasche und holte eine Postkarte heraus. »Schau mal, Lenny hat Autogrammkarten drucken lassen. 1000 Stück. Der ist jetzt mein Manager.«

Ungläubig starrte ich die Karte an. Darauf war ein Foto von Jana. Sie posierte in einem kurzen Minirock und mit einem Mikrofon in der Hand vor einem Poster mit dem Logo von ON SHOW. Darunter stand: *Jana Superstar, Moderatorin der ON SHOW.* Auf der Rückseite las ich Name und Adresse von Lennys Fotostudio.

»Ist das nicht ein wenig voreilig?«, fragte ich verwirrt.

»Wieso?«, wunderte sie sich. »Lenny sagt, die können ruhig sehen, wie ernst ich es meine. Ich spiele jetzt eben in einer anderen Liga.« Mitleidig sah sie mich an. »Ach, Karo, jetzt schau doch nicht so niedergeschlagen.« Sie wies auf den Laden vor uns. »Lass uns lieber ganz viel Geld ausgeben.«

Noch nie hatte ich in einer echten Designer-Boutique wie dem *Majaja* eingekauft. In dem klimatisierten Nobelladen war es angenehm kühl. Die Verkäuferin nahm uns überhaupt nicht wahr, sondern telefonierte stattdessen kaum hörbar mit ihrem Handy und ließ dabei den Bildschirm ihres Computers nicht aus den Augen. Jana schlenderte zuerst zu einem Regal mit Sonnenbrillen und probierte ein paar durch. »Na, was meinst du?«, fragte sie mich und lächelte künstlich. »Steht die mir oder steht die mir?«

Ich griff nach einer der anderen Brillen und erschrak:

290 Euro! Meine eigene Sonnenbrille zu Hause hatte gerade mal zwanzig Euro gekostet.

Jana wartete erst gar nicht meine Antwort ab, sondern schritt betont gelangweilt die verschiedenen Kleiderständer ab. Mal zog sie einen Rock heraus, mal eine Bluse oder ein Kleid. Ich suchte bei einem T-Shirt mit Pailletten nach dem Preisschild: 210 Euro. Eine Bluse 340 Euro, ein Rock 405 Euro.

»Sag mal, Jana, ist das alles nicht viel zu teuer?«

Sie schüttelte den Kopf. »Lenny sagt, das Outfit ist meine Visitenkarte. Es hat keinen Sinn, am falschen Ende zu sparen. Ganz besonders nicht, nachdem ich so hart um meine Punkte gekämpft habe.« Sie lachte in sich hinein. »Hast du eigentlich diesen Riesenwirbel um meinen Slip mitbekommen? Der reinste Punkte-Regen, sag ich dir ...«

»Ist dir das denn gar nicht peinlich?«, fragte ich erstaunt.

»Nö! Wieso denn?«

»Also mir wäre das total unangenehm, wenn das halbe Internet darüber diskutiert, ob ich eine Unterhose anhabe oder nicht.«

»Ach, Schätzchen«, meinte sie nur und betrachtete ein Oberteil mit unglaublich tiefem Ausschnitt. »Du musst wirklich noch sehr viel lernen. Erstens darf einer Starmoderatorin rein gar nichts peinlich sein und zweitens habe ich das Gerücht selbst in die Welt gesetzt.«

»Was? Warum das denn? Und wie soll das überhaupt gehen?«

Jana legte ihre Hand auf meine Schulter. »Ganz einfach, ich hatte von Anfang an noch einen zweiten Account, von dem aus ich meinen Postings immer Punkte geben konnte. Das darf aber niemand wissen, weil *ON SHOW* so was natürlich verbietet. Und hey, die Sache mit Slip-oder-nicht-Slip war doch eine grandiose Idee. Das hat mich erst richtig ins Gespräch gebracht. Bisher habe ich für keins meiner ›echten‹ Postings so viele Punkte kassiert.«

»Aber ist das nicht Beschiss?«

Sie winkte ab. »Unsinn, Karo. Frechheit siegt. Sonst bringst du es nie zu etwas …«

Das war mein Stichwort. Die ganze Zeit hatte ich auf die richtige Gelegenheit gewartet. »Weißt du, Jana, ich will es auch gar nicht zu etwas bringen. Nicht so jedenfalls.«

Jana kehrte wieder zu den Sonnenbrillen zurück und zog eine Augenbraue hoch. »Was soll denn das bedeuten?«

»Ganz einfach: Ich mache nicht mehr mit«, verkündete ich. »Bei der *ON SHOW*.«

»Wie jetzt? Du steigst aus?«

Ich nickte.

»Und was wird aus deiner Einladung zum Castingbus?«

»Verfällt eben«, erklärte ich ernst. »Ich kann dich gerne später begleiten, mehr aber nicht.«

Weißt du, das war einer dieser Momente, in denen ich mir sehnlichst wünschte, dass Jana mal nachfragen würde. Sollte eine echte Freundin nicht wenigstens wissen wollen, was mich zu meinem Entschluss gebracht hatte? Doch von Jana kam nichts, einfach nichts.

»Du bist also fest entschlossen?«, war alles, was sie interessierte.

»Die Sache ist ein für alle Mal entschieden.«

»Beweis es.« Sie holte ihr iPhone heraus. »Logg dich ein und gib mir deine Punkte.«

»Wozu?«, fragte ich tief enttäuscht. »Du hast doch mehr als genug.«

»Man kann nie genug Punkte haben.« Sie hielt mir das Smartphone dicht vor die Nase. »Na los, mach schon!«

Erschrocken wich ich einen Schritt zurück.

»So lautete unser Deal«, erinnerte sie mich streng. »Steigt einer aus, bekommt der andere die Punkte.«

Zögernd nahm ich das rosa iPhone mit den Strasssteinen entgegen. »Ich habe keine Ahnung, wie das geht«, murmelte ich widerstrebend.

»Logg dich nur ein«, befahl Jana. »Den Rest erledige ich.«

Missmutig loggte ich mich auf *ON SHOW* ein und reichte ihr den Apparat zurück.

Sie tippte eifrig drauf herum und steckte wortlos ihr Mobiltelefon wieder ein.

»Bitte, gern geschehen«, sagte ich bitter. »Ich hoffe, du bist jetzt glücklich.«

»Sehr sogar«, antwortete sie knapp und marschierte plötzlich so rasch aus dem Laden, dass ich kaum mit ihr Schritt halten konnte. Die starke Hitze schlug mir wieder ins Gesicht und ich kniff die Augen in der Sonne zusammen. Jana trat auf die Straße und hielt ein Taxi an.

»Wo willst du denn so schnell hin?«, rief ich ihr hinterher.

»Zum Castingbus, wohin denn sonst? Ich muss früher da sein, um mich mit Lenny zu treffen.«

»Warte«, bat ich. »Ich wollte doch mit …«

Doch Jana schlug mir einfach die Tür vor der Nase zu.

Dann ließ sie kurz noch einmal das Fenster herunter. »Wir sehen uns sicher später dort.«

Als das Taxi langsam anfuhr, holte sie eine dunkle Sonnenbrille aus ihrer Tasche und setzte sie auf. An der Seite baumelte noch das Preisschild.

»KOMMT ZUM CASTINGBUS. BRINGT EURE FREUNDE MIT.«

Ich kam mir so was von dämlich vor: Wie ein dummes Hündchen war ich Jana hinterhergerannt. *Warte, ich wollte doch mit ...* Zwar hatte ich wirklich allen Grund, auf Jana sauer zu sein, aber vor allem ärgerte ich mich über mich selbst. Frustriert stapfte ich zum U-Bahnhof Stadtmitte, um nach Hause zu fahren. Doch beim Umsteigen am S-Bahnhof Friedrichstraße überlegte ich es mir plötzlich anders. Es herrschte höllisch viel Betrieb an diesem Tag und dabei handelte es sich nicht um die üblichen Scharen von Touristen, die sonst überall die Rolltreppen verstopften. Ich wusste ganz genau, wohin all diese Jugendlichen mit den Pappschildern und Bierdosen wollten: zum Castingbus am Brandenburger Tor. Fast willenlos schloss ich mich der Menge an und überließ mich der Strömung. Ich spürte, wie langsam eine Veränderung in mir vorging. Meine düstere Laune war spätestens dann vollkommen verflogen, als ich die unglaublich vielen Fans der *ON SHOW* am Brandenburger Tor sah. Es herrschte eine großartige Stimmung auf dem Platz. Staunend betrachtete ich die zahlreichen Zelte mit dem *ON-SHOW*-Logo in dem Gewusel, die fast den Blick auf den angrenzenden Tiergarten versperrten. Überall standen bullige Security-Typen, knipsende Fotografen und Fernsehteams aller großen Sender. An einem gespannten Drahtseil über unseren Köpfen fuhr eine ferngesteuerte Kamera hin und her. Ich war glücklich und aufgeregt – nur die irrsinnige Hitze machte mir zu schaffen. Es musste der bisher heißeste Tag des Jahres gewesen sein und mich plagte der Durst.

Ja, ja. Ich weiß schon, was dir durch den Kopf geht: Was wollte ich dort? Ich hatte doch gerade meine ganzen Punkte verloren. Aber ist das wirklich so schwer zu verstehen?

Nach all der Aufregung um die ON SHOW und meiner wilden Punktejagd mit all ihren Hoch- und Tiefpunkten platzte ich jetzt einfach vor Neugier und musste mir dieses fantastische Spektakel unbedingt aus der Nähe ansehen.

Dann entdeckte ich den Eingang für die glücklichen Kandidaten. Ein Sicherheitsmann ließ gerade zwei von ihnen in das riesige weiße Zelt ein. Sie trugen blaue Bänder am Handgelenk. Ich drängte mich noch näher heran und erkannte voller Neid Sessel und Getränke in riesigen Eisschalen direkt hinter dem Eingangsbereich.

Um mich herum hielten viele Jugendliche Schilder mit den Namen ihrer Freunde, die am Casting teilnahmen, in die Höhe. Weiter vorne sperrte ein Metallzaun die ganze Länge des roten Teppichs ab, der direkt vom Kandidatenzelt zu einem riesigen silbernen Truck mit dem ON-SHOW-Logo führte – der Castingbus! Dort drinnen fanden wohl die Probeaufnahmen statt, vermutete ich. Nun hielt mich wirklich gar nichts mehr: Ich musste unbedingt näher ran. Viel näher. Entschlossen kämpfte, schob und quetschte ich mich durch die Massen, bis ich endlich völlig durchgeschwitzt an den Rand des roten Teppichs gelangte. Von dort war die Sicht auf das Geschehen zwar perfekt, aber direkt am Zaun herrschte ein noch stärkeres Gedränge und Geschiebe. Immer wieder wurde ich gegen die Absperrung gepresst. Plötzlich wurde mir schlecht und schwindelig. Ich hörte noch die Durchsage der Sicherheitsleute, die über Lautsprecher die Fans ermahnten nicht so sehr zu drängeln. Da sah ich auf einmal so komische Punkte vor meinen Augen tanzen.

»Oh nein«, dachte ich noch – und dann dachte ich gar nichts mehr.

Meine erste Erinnerung danach ist dieser ungeheuer scharfe Geruch. Vor Schreck riss ich die Augen auf. Ich lag auf dem Rücken und jemand hielt mir etwas übel Stinkendes unter die Nase. Instinktiv schob ich die Hand dieser Person von mir weg. Mein Kopf schmerzte höllisch, und als meine Finger die Stelle mit der Beule ertasteten, zuckte ich zusammen.

»Na?«, fragte ein Mann und reichte mir einen Becher Wasser. »Geht's denn wieder?«

Ich richtete mich ein wenig auf und trank gierig alles aus.

»Du bist ohnmächtig geworden«, erklärte der Mann und schenkte nach. »Trink noch etwas, du musst völlig ausgetrocknet sein.«

Ich blinzelte und erkannte die Uniform eines Sanitäters. »Wo bin ich?«

»Im Erste-Hilfe-Zelt«, antwortete der Mann. »Hast du ein Handy? Kann dich jemand abholen?«

»Ich schaff es schon alleine nach Hause«, murmelte ich.

»Wissen deine Eltern, dass du hier bist?« Der Sanitäter zog sein eigenes Mobiltelefon aus der Brusttasche. »Wenn du mir deine Nummer gibst, rufe ich sie für dich an.«

Ich erschrak. Mein Vater und meine Mutter wären sicherlich alles andere als begeistert, mich ausgerechnet am Castingbus abzuholen. Besonders nach meiner großspurigen Erklärung, mich sofort bei *ON SHOW* abmelden zu wollen. Was ich, wie du weißt, bis jetzt nicht getan hatte.

»Kann ich erst noch ein bisschen liegen bleiben? Mir ist so flau …«

»Kein Problem«, erklärte der Sanitäter freundlich. »Lass dir ruhig Zeit.«

So wie es aussah, war ich nicht das einzige Opfer der Hitze. Es lagen noch weitere Mädchen und Jungen auf Pritschen im Erste-Hilfe-Zelt. Mich beschäftigte nur noch ein Gedanke: Ich wollte schleunigst verschwinden. Bei der nächsten Gelegenheit, während sich der freundliche Sanitäter um jemand anderen kümmerte, schnappte ich mir meine Tasche und kroch durch einen schmalen Spalt auf der Rückseite des Zeltes hinaus. Für einen Augenblick blendete mich die Sonne. Schützend hielt ich mir die Hand vor Augen und suchte nach dem Ausgang. Doch ich war anscheinend auf der Rückseite des Castingbusses gelandet. Hinter drei Dixiklos parkten dicht an dicht eine Reihe von LKWs und Transportern. Mein Schädel dröhnte zwar immer noch ein wenig, aber ich begriff sofort, warum diese Fahrzeuge so eng standen: Kein Außenstehender sollte hinter die Kulissen des Castingbusses schauen können. Dummerweise kam so aber auch niemand wieder hinaus: Ich saß in der Falle.

Auf der Suche nach einem möglichen Fluchtweg stolperte ich über dicke, mit Klebeband am Boden befestigte Kabel und landete schließlich vor einem offenen Übertragungswagen. Zwei Männer und eine Frau saßen an einem Mischpult vor einer Monitorwand. Alle trugen T-Shirts mit dem *ON-SHOW*-Logo.

Als ich auf den Bildschirmen das Innere des Castingbusses erkannte, hätte ich vor Aufregung beinah aufgeschrien. Lautlos biss ich mir in die Faust und beobachtete, wie einer der Kandidaten in eine Aufnahmekabine geführt wurde. Dort setzte er sich an einen Tisch, fuhr sich kurz durch die Haare und las unsicher einen Text von einer Karte mit dem *ON-SHOW*-Logo ab.

Die drei im Wagen blickten sich an. Jeder wies mit dem Daumen nach unten.

»Danke für deinen Besuch«, sagte einer der Männer, ein Glatzkopf, anschließend in das Mikrofon, wobei er einen Knopf gedrückt hielt. »Wir melden uns. *Post the Most!*«

Da begriff ich: Bei diesem Trio handelte es sich nicht um irgendwelche Techniker. Nein, das waren die für das Casting Verantwortlichen, die alle Bewerber ganz genau unter die Lupe nahmen.

»Der Nächste«, bellte der Glatzkopf ins Mikro. Vor der Kamera erschien ein junges Mädchen. »Nee«, meinte die Frau schon nach dem ersten Satz und spielte gelangweilt mit einer Haarspange. »Die isses nicht. Piepst ja wie ein Spatz.«

»Danke für deinen Besuch«, verkündete der Kahlkopf prompt. »Wir melden uns. *Post the Most!*«

Die ganze Zeit hatte ich Angst, dass sich einer der drei zu mir umdrehen würde, aber das Trio war ganz auf die Monitore konzentriert. Immer wieder senkten sie ihre Daumen und hatten praktisch an jedem etwas auszusetzen: zu jung, zu alt, zu dick, zu dünn, zu langweilig, zu hässlich, zu leise.

Allmählich beschlich mich ein mieses Gefühl. Was lief hier eigentlich für ein Mist ab? Wieso entschieden jetzt diese drei Menschen darüber, wer für die *ON SHOW* in Frage kam? Erinnerst du dich noch, wie uns Jana in meinem Zimmer die Regeln vorgelesen hatte? Damals hieß es doch, dass der oder die Beste online direkt von der Community gewählt werden sollte.

Das ist doch der totale Beschiss, dachte ich völlig außer mir und war schon drauf und dran, mir vor diesen eingebildeten Herrschaften Luft zu machen, als ein vertrautes Gesicht auf dem Bildschirm erschien. Jana trug noch immer das Sommerkleid vom Vormittag und die dunkle Sonnenbrille im Haar. Zielstrebig schob sie Tisch und Stuhl aus dem Bild.

»Was macht die denn da?«, fragte der zweite Mann verblüfft.

»Keine Ahnung«, meinte der Glatzkopf am Mikro und drückte den Knopf. »Hallo, hat dir keiner die Karte mit dem Text gegeben?«

»Doch«, erklärte Jana frech und stemmte die Hand mit dem leuchtend blauen Band in die Hüfte. »Aber die brauche ich nicht.«

Der Typ drehte sich fragend zu der Frau um. »Wer is'n das?«

»Moment.« Sie legte die Haarspange weg und tippte etwas in ihren Laptop. »Jana Maria Wolf, 17 Jahre.«

17 Jahre?! Ich musste grinsen. War ja klar, dachte ich, dass *Jana Superstar* mal wieder in die Trickkiste gegriffen hatte, um ihr großes Ziel zu erreichen.

»Die kenne ich«, rief der zweite Mann plötzlich. »Das ist

124

doch die ohne Slip. Ihr wisst schon, worüber sich alle die Finger wund gepostet haben.«

»Hmm«, brummte der Glatzkopf. »Kein Slip, keine Karte, kein Tisch, kein Stuhl. Das scheint ihr Markenzeichen zu sein.« Dann drückte er wieder auf den Knopf. »Und wie, bitte, willst du ohne Text moderieren?«, fragte er genervt.

»Kein Problem«, behauptete Jana selbstbewusst wie immer. »Ich improvisiere. Nicht dass mir noch jemand wegschnarcht.«

»Irgendwie süß, die Kleine«, wandte sich der zweite Mann seinen Kollegen zu. »Und so schön kratzbürstig.«

»Gute Präsenz«, lobte auch der Glatzkopf. »Die kommt rüber.«

»Ja, die hat was«, pflichtete die Frau den beiden bei und wies mit der Haarspange auf einen der Bildschirme. »Bloß schade, dass ihre Titten ein bisschen klein sind.«

»Was soll's«, erwiderte der Glatzkopf. »'ne Brust-OP in Polen kostet auch nicht die Welt.« Die drei lachten.

Ich gebe es zu: Noch vor wenigen Stunden war ich stinksauer gewesen. Trotzdem brannte ich jetzt darauf zu sehen, wie Jana Superstar die drei überheblichen Großmäuler rocken würde.

Da schmerzte mein rechtes Ohr auf einmal höllisch. So ein blöder Security-Typ zog mich brutal von dem Ü-Wagen weg, zerrte mich durch ein Zelt des *ON-SHOW*-Teams zum Ausgang auf der anderen Seite des Tiergartens und jagte mich schließlich zum Teufel.

»ZEIGE DEINE FREUNDE, WIE SIE WIRKLICH SIND«

Die gute Nachricht zuerst: Eddi und ich durften weiter auf die Joseph-Weizenbaum-Gesamtschule gehen. Der Schuldirektor erwähnte in seinem Brief an meine Eltern, dass Ivos Vater nach unserer Entschuldigung noch einmal persönlich ein gutes Wort für uns eingelegt hatte. Auch Frau Korbweiler, die damals von Jana auf der Party mit Wodka abgefüllt worden war, wünschte keine Bestrafung. Vielleicht hatte sie ja mein Entschuldigungsbrief doch milde gestimmt.

Ich fühlte mich schon echt erleichtert, aber meine Eltern waren dermaßen aus dem Häuschen, dass sie mich zur Feier des Tages zum Essen einluden. Zum ersten Mal seit langer Zeit herrschte zwischen uns dreien wieder richtig gute Stimmung. Im Restaurant machten wir Witze, lachten und unterhielten uns ganz locker. Dennoch hörte ich heraus, dass ihre Sorge wegen der Schule deutlich größer gewesen sein musste, als sie es mir gegenüber gezeigt hatten.

Am Abend nahmen mich meine Eltern noch einmal streng ins Gebet und dann erhielt ich zu guter Letzt offiziell mein Notebook, das alte Schrammelhandy und die lila Kamera zurück. Endlich wieder *on*! Wie stark hatte ich mich doch ohne Computer und Internet von der Welt abgeschnitten gefühlt …

Kommen wir nun zu den schlechten Nachrichten: Irgendwie hatte ich es bis zu diesem Zeitpunkt immer noch nicht fertiggebracht, mich endgültig von *ON SHOW* zu verabschieden.

Ich weiß, ich weiß. Zu meiner Verteidigung kann ich nur vorbringen, dass ich weder selbst etwas postete oder teilte noch Punkte vergab. Außerdem erhalten Außenstehende ohne eigenes Benutzerkonto grundsätzlich keinen Zugang zum sozialen Netzwerk. Und ohne Zugang würde ich von dem Geschehen in der Community einfach nichts mehr mitbekommen – auch nicht, wie es etwa mit dem Wettkampf um den Moderatorenposten weiterging.

Dabei wurde es da jetzt richtig spannend:

Auf Platz 1 stand im Augenblick ausgerechnet ein Rentner. Heinz Börner wohnte neben einem gut besuchten Kiosk. Weil er es satthatte, dass die herumstehenden Biertrinker immer in seinen Vorgarten pinkelten, brachte er eine Überwachungskamera an. Die Aufnahmen stellte er bei ON SHOW ein, vermutlich um die Freiluftpinkler abzuschrecken. Doch erreichte er damit genau das Gegenteil. Der Kiosk wurde Kult und Herr Börner auch. Die ON-SHOW-Nutzer der ganzen Stadt strömten nun in Gruppen herbei, um sich beim Pinkeln filmen zu lassen. Manche winkten dabei sogar in die Kamera. Darüber regte sich der alte Herr auch im Castingbus auf und steigerte sich filmreif immer weiter rein. Genau dafür liebte ihn die Community. Auf Platz 2 machte sich ein gewisser *Mäd Männy* über die peinlichsten ON-SHOW-Nutzer lustig und brachte mich mit seinen Parodien richtig zum Lachen. Der Kerl schien ein noch unbekannter Comedy-Profi zu sein. Auf Platz 3 zog ein Break-Dance-Spacko in weißen Klamotten und mit Wollmütze im Castingbus die totale Show ab.

Und Jana?

Ich ging die Liste durch, bis ich sie weiter hinten auf dem 29. Platz fand. Ihr Video überraschte mich nicht wirklich. Jana hielt darin eine flammende Rede auf … na ja … auf sich selbst. Tja, dachte ich ganz zufrieden, da musste sie sich wohl noch dringend etwas einfallen lassen, um es am Montag in die nächste Runde zu schaffen. Denn über das kommende Wochenende wurde auf *ON SHOW* darüber abgestimmt, welche zehn Kandidaten in die engere Auswahl rückten. Meine Stimme bekam sie jedenfalls nicht.

Ich war mir allerdings unsicher, ob Jana es nicht trotzdem schaffen würde. Seit meinem Erlebnis mit dem Trio am Übertragungswagen hatte ich so eine Ahnung, dass bei *ON SHOW* nicht alles mit rechten Dingen zuging.

Ich musste dringend mit jemandem über meinen Verdacht reden. Nur mit wem?

Meine Eltern fielen schon mal aus. Oder wie sollte ich ihnen erklären, was ich eigentlich am Castingbus zu suchen hatte?

Und Eddi? Bei dem hatte ich irgendwie das Gefühl, dass er mir seit Tagen aus dem Weg ging. Meistens hing er mit Ivo ab, als seien sie jetzt plötzlich Brüder. Vielleicht hatte Eddi durch seine Erfahrungen mit Jana auch jegliches Interesse an Mädchen verloren, vermutete ich. Mir gegenüber verhielt er sich jedenfalls seltsam.

Hier ein typisches Beispiel für ein ebenso kurzes wie sinnloses Gespräch:

»Hi«, grüßte ich ihn.

»Hi«, grüßte er zurück.

Dann kam nichts, einfach gar nichts mehr.

Oder ich sagte zu ihm: »Hey, alles klar?«

Dann nickte er. »Hey, alles klar.«

Ich meine, wer hat denn Lust, sich mit einem Echo zu unterhalten? Seitdem hielt ich auch Abstand. Das tat mir zwar weh, aber ich muss mich ja schließlich niemandem aufdrängen.

Ich dachte auch darüber nach, ob ich nicht die Öffentlichkeit informieren und mit der Presse reden sollte. Aber ich kannte keine Reporter und mir würde wohl auch kaum jemand glauben, schließlich hatte ich keinerlei handfeste Beweise. Am Ende hieß es noch, dass ich mich nach dem Verlust meiner Punkte bloß wichtig machen wollte. Darauf konnte ich getrost verzichten.

Die Lehrer kamen nach der ganzen Geschichte auch nicht in Frage. Blieb noch Jana übrig. Nur: Warum sollte ich ausgerechnet mit ihr darüber sprechen, dass getrickst, manipuliert und betrogen wurde? Jana trickste, manipulierte und betrog ja selbst. Aber sogar wenn ich mich ihr hätte anvertrauen wollen, wäre das schwer gewesen.

Erstens müsste ich sie überhaupt mal erwischen. Denn Jana schien viel zu sehr mit ihrer »Karriere« beschäftigt zu sein, um noch Zeit für so was Unwichtiges wie Schule aufzubringen. Sie kam nur sehr unregelmäßig, wirkte meistens übernächtigt und nickte zum Beispiel im Biounterricht auf der letzten Bank einfach weg.

Zweitens würde mir *Jana Superstar* höchstwahrscheinlich ins Gesicht springen, wenn ich etwas Kritisches über ihre heilige *ON SHOW* zu sagen wagte.

Und drittens, und das ist der schwerwiegendste Grund,

war ich seit meiner Punkteübertragung an sie komplett abgeschrieben. Jana hatte sich sogar schon vor Tagen von mir weg- und stattdessen auf den unbeliebten Einzelplatz vor dem Lehrerpult gesetzt. Sie übersah mich demonstrativ und hätte mir eigentlich nicht viel deutlicher zeigen können, dass ich für sie nicht mehr existierte. Doch dann kam der Freitag vor der Abstimmung auf *ON SHOW.*

An diesem Tag stürmte Jana wutentbrannt in die Umkleide der Sporthalle und brüllte mich vor allen Mädchen an: »Du beschissenes Miststück!«

Ich hängte ungerührt meine Klamotten an den Haken. Schließlich wollte ich mir vor den anderen keine Blöße geben. Obwohl die sicher schon mitbekommen hatten, dass wir beide nicht mehr die allerbesten Freundinnen waren. Wie immer ignorierten sie uns trotzdem.

Jana warf unseren Mitschülerinnen einen irren Blick zu. »Du kommst jetzt mit«, zischte sie. Dann zerrte sie mich an meinem Trikot nach nebenan in den Duschraum und blockierte mit ihrem Körper die Tür. Auf einmal wurde mir richtig mulmig zu Mute.

»Glaube ja nicht, dass ich dich nicht durchschaue.« Ihr Atem roch unangenehm scharf nach Zigaretten und Kaffee. »Ich weiß genau, was du vorhast!«

Ich verstand kein Wort.

»Wovon redest du?« Ich versuchte mich loszureißen, aber sie hielt mich weiter an meinem Trikot fest. »Du tust mir weh!«

Ich starrte auf ihre verlaufene Wimperntusche.

»Weil du nicht mehr gewinnen kannst, darf es auch kein

anderer, was?« Verächtlich musterte sie mich von oben bis unten. »Ohne deine Punkte bist du nur wieder das, was du schon immer warst: Eine pummelige Pickelfresse ohne Stil. Ein echtes Nichts mit Zahnspange.« Und dann schrie sie plötzlich und hob dabei drohend die Hand: »Jetzt gib es wenigstens zu!«

Vor Schreck hielt ich schützend die Arme vor meinen Kopf. »Aber was soll ich denn zugeben?«, heulte ich los.

»Das mit dem Überwachungsvideo.« Vor Zorn spuckte sie kleine Tropfen.

Ich verstand kein Wort. »Was denn für ein Video?«

»Worauf ich angeblich diese Sonnenbrille im Laden stehle. Du hast es online gestellt! Wie bist du da rangekommen? Rede schon!«

»D-das war ich nicht …«, stotterte ich und die Tränen rannen mir in Strömen über das Gesicht.

»Nur du bist an dem Tag im Laden dabei gewesen. Nur du hast ein Interesse daran, dass ich es nicht unter die ersten zehn Plätze schaffe.« Mit beiden Händen versetzte sie mir einen Stoß. »Dein beschissener Film macht schon überall im Netz die Runde.«

Jemand versuchte die Tür zu öffnen, aber Jana stemmte sich einfach dagegen. »Verzieht euch«, schrie sie und schlug mit der Faust donnernd dagegen. »Besetzt!«

Wieder wurde die Klinke heruntergedrückt. »Lasst mich sofort herein«, hörte ich die Stimme unserer Sportlehrerin. Das war meine Rettung.

Ehrlich, es reicht

Jana landete am Montag auf Platz 4. Glaubst du an Wunder? Ich nicht. Es konnte doch kein Zufall sein, dass ihr am Ende die Sache mit dem Diebstahl genauso genutzt hatte wie diese alberne Unterhosen-Diskussion. Aus mir unerfindlichen Gründen konnte Jana plötzlich auf *ON SHOW* eine Quittung für die Sonnenbrille vorweisen. Wo hatte sie die her? Was sollte das bitte schön beweisen? Und wer hatte wirklich das Video veröffentlicht?

Eigentlich hätte mir das alles egal sein müssen. Ich war jedenfalls fertig mit Jana. Seit ich sie kannte, hatte sie mich ausgenutzt und ausgelacht, belogen, beschimpft, beschuldigt, beleidigt, bloßgestellt und war zuletzt auch noch auf mich losgegangen. Das sollte eine Freundin sein? Nie wieder würde ich auf Jana reinfallen, schwor ich mir. Mit der wollte ich nichts mehr zu tun haben. Mir reichte es ein für alle Mal. Ich hatte meine Lektion gelernt.

Dann klingelte irgendwann mein Handy. Als ich den Anruf mit der unterdrückten Nummer annahm, meldete sich zu meiner Überraschung Jana. Ich schwieg und wartete.

»K-karo? Bist du noch dran? Hallo?«

»Was willst du?«, schnauzte ich.

»Mich bei dir entschuldigen.« Jana klang betrübt. »Was da neulich passiert ist, tut mir irre leid. Die Sache mit dem Video hat mich einfach total gestresst.«

Sie wartete einen Moment auf eine Antwort, die ich ihr aber nicht gab.

»Ich weiß ja, dass du bestimmt nicht mehr meine Freundin sein willst«, fuhr sie zerknirscht fort. »Aber ich bitte dich um ein letztes, klärendes Gespräch. Danach gehen wir getrennte Wege, wenn du das willst.«

Ich schwieg weiterhin.

»Mir ist natürlich klar, dass ich mein Verhalten dir gegenüber nicht wiedergutmachen kann«, beteuerte sie. »Aber ich möchte es zumindest versuchen. Darum lade ich dich ein. Die *ON SHOW* spendiert den zehn Nominierten einen Abend im Lubella-Club. Jeder darf einen Freund mitbringen.«

»Warum nimmst du nicht einfach Lenny mit?«, knurrte ich.

»Na ja«, druckste sie herum. »Lenny ist Geschichte. Erzähl ich dir dann. Wir treffen uns morgen Abend um acht Uhr vor dem Eingang, okay? Du kannst mir auch eine reinhauen, wenn du willst. Ich habe das echt verdient.«

Ich dachte nach. Zum allerersten Mal hatte Jana sich bei mir entschuldigt. Doch konnte jemand wie sie sich wirklich ändern? Und was wurde nun aus meinen neuen Vorsätzen?

»Bitte, Karo, komm«, bettelte sie. »Und wenn du kommst, zieh dir etwas Hübsches an.«

Eine völlig neue Jana

In der Glastür des Lubella-Clubs betrachtete ich zufrieden mein Spiegelbild. Ich trug meine schicksten Klamotten: einen silbern glänzenden Rock, ein neues schwarzes Top und schwarze Ballerinas. Dazu ein breiter Gürtel, den ich mir heimlich von meiner Mutter geliehen hatte. Jana-Style. Ein Lieferwagen mit dem *ON-SHOW*-Logo parkte auf dem Bürgersteig. Zum Glück war Jana bereit gewesen sich auch schon um fünf Uhr mit mir zu treffen, weil ich spätestens gegen sieben zu Hause sein musste.

Okay, okay, nenn mich schwach. Nenn mich dumm. Nenn mich auch ruhig eine Idiotin, die nichts aus ihren Fehlern lernt. Vor dem Club konnte ich noch einmal darüber nachdenken, warum ich überhaupt zugesagt hatte. Bestimmt spielte meine Neugier eine große Rolle. Natürlich wollte ich unbedingt hautnah erleben, wie es einer Kandidatin der *ON SHOW* erging, die in die engere Auswahl aufgestiegen war. Die ganze Zeit fragte ich mich, wie sich das wohl anfühlte, so kurz vor dem Sieg zu stehen. Schließlich hatte ich ja selbst lange genug den Traum gehabt, es zu schaffen. Außerdem: Wann bekommst du schon mal als 12¾-Jährige die Möglichkeit, einen der angesagtesten Clubs von Berlin zu betreten?

Aber da gab es noch einen anderen, wichtigeren Grund. Vielleicht findest du das ja naiv, aber ich bin auch heute noch fest davon überzeugt, dass jeder Mensch eine zweite Chance verdient hat. Glaub mir, ich weiß ganz genau, wovon ich spreche. Frau Korbweiler, Herr Zlivac und Ivo: Sie alle haben mir ebenfalls eine zweite Chance gegeben. Und ich versuchte gerade das Beste daraus zu machen. Warum also nicht auch Jana? Was hatte ich schon zu verlieren? Falls das doch wieder eins ihrer dämlichen Spielchen werden würde, konnte ich ja jederzeit verschwinden.

Ich wartete und wartete und wartete. Gut, vor Nervosität war ich eine Viertelstunde zu früh gekommen. Bloß kreuzte Jana auch um fünf Uhr nicht auf. Zwanzig nach fünf zog ich mein Handy aus der Handtasche und rief sie an. Nur der Anrufbeantworter, ich legte auf. Wenn sie bis halb sechs nicht auftauchte, nahm ich mir felsenfest vor, würde ich einfach wieder nach Hause marschieren. Ich rief sie noch mindestens sieben Mal an. Beim achten Mal, gegen Viertel vor sechs, kam Jana plötzlich aus dem Club gerauscht.

»Was machst du denn hier draußen?«, fragte sie erstaunt, umarmte mich und gab mir zwei Luftwangenküsse. Sie trug ein tief ausgeschnittenes, grünes Sommerkleid und glitzerndes Make-up im Dekolleté.

»Du hast gesagt, um fünf vor der Tür«, erklärte ich vorwurfsvoll.

»Nein, Schätzchen, das musst du falsch verstanden haben. Du stehst doch auf der Gästeliste, schon vergessen? Aber ist ja auch egal. Hauptsache, du bist jetzt da.«

Sie hakte sich bei mir ein und führte mich in den Club. Neben einem riesigen Blumenkübel standen zwei ON-SHOW-Aufsteller mit der Aufschrift »Heute geschlossene Gesellschaft«. Im Hintergrund lief entspannte, elektronische Clubmusik.

»Ihre Tasche bitte«, siezte mich ein Türsteher in Anzug und Krawatte und wies zur Garderobe.

Unsicher blickte ich zu Jana.

»Ist schon okay. Hier sind keine Kameras und Handys erlaubt. Du kannst dir sicher denken, warum …« Sie führte mich zu der asiatischen Garderobenfrau. »Gib ruhig deine Tasche ab. Das habe ich auch gemacht«, versicherte sie mir.

Deshalb also hatte ich sie nicht erreichen können.

Die Frau hinter dem Tresen drückte mir einen pinkfarbenen Zettel mit einer Nummer in die Hand. Gerade als sie meine Tasche an die leeren Kleiderständer hängte, hörte ich, wie eine SMS eintraf. Ich traute mich jedoch nicht, meine Handtasche noch einmal zurückzuverlangen.

»Warst du schon mal in einem Club?«, erkundigte sich Jana und legte gut gelaunt einen Arm um mich.

Ich schüttelte eingeschüchtert den Kopf und vergaß vor Aufregung böse und beleidigt zu sein, was ich mir eigentlich fest vorgenommen hatte.

»Ist richtig cool hier«, meinte Jana. »Hier befindet sich das Restaurant, draußen die Terrasse und unten im Keller die Clubdisco.«

Es dauerte eine Weile, bis sich meine Augen an das schwache Halbdunkel gewöhnt hatten. Manche der runden Tische standen auf einer höheren Ebene, andere in den Boden vertieft. Zwischen den Tischen trennten dünne weiße Fadenvorhänge die wenigen Gäste voneinander. Jana erklärte mir gerade, dass die anderen Freunde der Kandidaten erst gegen sieben oder acht Uhr abends eintrudeln würden, als ein Mann in Jeans, weißem Hemd und schwarzem Sakko auf uns zukam und mir fest die Hand drückte.

»Du musst sicher Karo sein«, grüßte der Mann freundlich. »Ich bin Fabian von Strelitz von ON SHOW.«

Vor Schreck brachte ich kein Wort heraus. Das war doch der Kerl mit der Glatze aus dem Übertragungswagen, stellte ich bestürzt fest.

»Jana hat mir schon viel Gutes von dir erzählt«, fuhr er fort und blickte suchend in den Raum hinter uns. »Bist du allein gekommen?«, fragte er leicht verwundert.

Ich nickte nervös. Ob er mich wohl mit dem Security-Typen am Übertragungswagen gesehen hatte?

»Ihr beiden habt euch sicher eine Menge zu erzählen.« Fabian lächelte verständnisvoll. »Ich führe euch mal lieber zu eurem Tisch.«

Wir durchquerten das Restaurant und steuerten auf die elegante Terrasse mit den weißen Sonnenschirmen zu. In den Holzboden waren mehrere türkisfarbene Wasserbecken eingelassen, in denen komische, dicke Fische schwammen, und ich musste aufpassen, dass ich nicht noch versehentlich hineinfiel. Überall standen große Pflanzenkübel und es roch verlockend nach Essen. Als ich mich umsah, entdeckte ich an einem Büffet zwei Köche mit weißen Kochmützen, die gerade mit verschiedenen silbernen Gefäßen herumhantierten. Fabian führte uns zu einem Tisch ganz am Rand, mit Blick auf einen Seitenarm der Spree.

»Jetzt sind wir endlich unter uns«, seufzte Jana, nachdem er gegangen war. »Ich brauche erst mal dringend etwas zu trinken. Du auch?«

»Ich nehme dasselbe wie du.«

Auf dem Fluss tuckerten kleine Motorboote vorbei. Auf der anderen Seite lag ebenfalls ein Restaurant mit Terrasse.

Jana kehrte mit zwei riesigen Gläsern zurück.

»Was ist das?«, fragte ich argwöhnisch.

»Fruchtsaft-Cocktails. Köstlich und ohne Alkohol.«

Ich schnupperte kurz daran. Ananas, Kokosnuss und Minze.

»Keine Sorge.« Jana lachte. »Da ist jedenfalls kein Tropfen Wodka drin, falls du das denkst.«

Vorsichtig nahm ich einen Schluck. Total lecker, stellte ich erleichtert fest.

»Ich will mich bei dir entschuldigen«, kam sie zur Sache. »Karo, ich habe mich dir gegenüber wie ein echtes Drecksstück benommen.«

Das waren ja ganz neue Töne, dachte ich. Eine völlig neue Jana. »Ich bin froh, dass *du* das sagst«, meinte ich.

»Ich weiß, ich weiß.« Sie zog das Schirmchen aus ihrem Glas. »Wie ich dich neulich in der Umkleide zusammengefaltet habe, war wirklich superarschig von mir. Meine Nerven lagen einfach blank, ich war wegen des blöden Videos total aus dem Häuschen. Dabei ist noch nicht mal richtig was drauf zu sehen.«

»Genau wie bei der Geschichte mit dem Slip«, stellte ich nüchtern fest. »Wer hat das Video eigentlich online gestellt?«

»Fabian vermutet, dass es der Laden selbst war, um Publicity für sich zu machen. Jetzt kümmern sich die Anwälte der ON SHOW darum. Rufmord und so. Tut mir leid, dass ich dir die Schuld gegeben habe, Karo. Ich bereue das wirklich zutiefst. Ich weiß auch, dass ich dich in letzter Zeit sehr schlecht behandelt habe, aber glaub mir bitte, dass ich mich dafür wahnsinnig schäme.«

»Ich bin neugierig«, sagte ich spitz, »wie es zu dieser weisen Einsicht gekommen ist.«

Sie schob nervös ihr Glas hin und her. »Ich habe dir doch von Lenny erzählt.«

Nickend griff ich nach meinem Strohhalm.

»Lenny hat mir die ganze Zeit eingeredet, dass alle Konkurrenten sind. Selbst Freunde. Er brachte mich dazu, wirklich jedem zu misstrauen. Besonders dir. Ich hätte eigentlich gleich schnallen müssen, dass du nie so ein Video posten würdest. Heute weiß ich, dass er mich bloß für den Erfolg seines Fotostudios benutzt hat. Ich sollte allein nach seiner Pfeife tanzen. Vielleicht hat er sogar dieses dumme Video selbst gepostet.« Sie sah mich ernst an. »Nachdem ich den Kontakt zu Lenny abgebrochen habe, wurde mir plötzlich klar, dass du allein immer für mich da warst. Du bist meine einzige Freundin gewesen.« Sie lachte gezwungen. »Besser eine späte Erkenntnis als gar keine, nicht wahr?«

Plötzlich kochte meine ganze Wut wieder hoch. »Du weißt doch gar nicht, was Freundschaft wirklich bedeutet«, antwortete ich aufgebracht. »In einer echten Freundschaft geht jeder ehrlich mit dem anderen um und kann ihm vertrauen.«

Dann erzählte ich Jana, wie es mir in der letzten Zeit ergangen war und wie tief mich ihr Verhalten verletzt hatte. Minutenlang redete ich auf sie ein, ohne sie zu schonen. Jana unterbrach mich kein einziges Mal, sondern hörte mir aufmerksam zu.

Sie blieb auffallend ruhig. »Ich war ein echtes Biest, und wenn du mich jetzt hasst, kann ich das wirklich verstehen«, meinte sie nur, als ich geendet hatte.

Da beschloss ich ihre Friedfertigkeit auf die Probe zu stellen und berichtete ihr von meinem Erlebnis am Castingbus. Ich sagte ihr auf den Kopf zu, dass meiner Meinung nach Fabian und seine Kollegen die Ergebnisse manipulierten. Spätestens jetzt, vermutete ich, würde Jana ausflippen und mich wieder anschreien, dass ich ihr den fantastischen Erfolg nicht gönnte. Aber nichts von alledem.

»Das kann ich nicht glauben«, sagte sie nur ganz gelassen. »Das sind alles Profis. Die wissen doch genau, was sie tun.«

»Sie haben auch über dich gesprochen.«

»Ach ja, und was haben sie gesagt?«

»Dass deine Brust zu klein ist und dass sie dir eine OP bezahlen wollen.«

»Du spinnst doch.« Sie klang überrascht, nicht böse.

»Nein«, widersprach ich. »Ich schwöre, dass das die Wahrheit ist.«

»Cool«, meinte sie strahlend. »Unter uns, ich finde meine Möpse auch zu klein.«

»Du scheinst dich ja noch darüber zu freuen«, wunderte ich mich.

»Na klar!« Sie grinste fröhlich. »Also bitte, welches Mädchen wünscht sich denn keine Brust-OP?«

Diese Reaktion verblüffte mich dermaßen, dass ich meinen ganzen Cocktail auf einmal leer schlürfte.

»Aber genug von mir«, sagte Jana nach einer Pause. »Ich habe mit dir ganz offen geredet. Kann ich dich jetzt auch was fragen?«

»Klar.«

»Was läuft da eigentlich zwischen dir und Eddi?«

Überrascht riss ich die Augen auf. »Was soll denn da laufen?«

»Seid ihr zusammen?«

»Nein, niemals! Wie kommst du denn auf so einen Schwachsinn?«

Sie lächelte verschwörerisch. »Na ja, so wie er dich ansieht und wie du ihn ansiehst, würde es mich jedenfalls nicht wundern.«

Verlegen fuhr ich mir mit der Hand über den Mund.

»Bist du in ihn verliebt?«, verhörte sie mich weiter.

Meine Wangen begannen zu glühen. »N-nein«, murmelte ich mit brüchiger Stimme und musste mich räuspern.

»Magst du ihn denn? Er ist ja eigentlich ganz süß.«

Ich nickte zaghaft.

»Auf einer Skala von eins bis zehn: Wie sehr magst du ihn?«

Ich überlegte. »Vielleicht acht«, sagte ich und räusperte mich erneut. »Oder neun.«

»Hab ich's doch gewusst!« Jana ließ sich triumphierend zurückfallen. »Karo, glaub mir, du bist verknallt.«

»I-ich?«, stammelte ich. »Kann schon sein …«

»Und was ist es genau, was du an ihm magst?«

Eigentlich seine ganze Art, seine gute Laune, sogar seine dummen Witze. Aber alles, was ich herausbrachte, war: »Seine Mütze.«

Ich sah auf die Uhr. Es war schon halb sieben. »Ich muss jetzt nach Hause«, sagte ich schnell und schob meinen Stuhl nach hinten, um aufzustehen.

Jana brachte mich noch zum Ausgang, gab meinen Zettel an der Garderobe ab und reichte mir meine Tasche: die vollkommene Gastgeberin.

»Ich bin froh, dass wir uns mal ausgesprochen haben«, meinte sie und küsste mich wieder links und rechts der Wangen in die Luft. »Es tat richtig gut, sich das alles von der Seele zu reden. Freunde?«

In der U-Bahn dachte ich lange über unser Gespräch nach. So wie es aussah, meinte es Jana ernst. Ich konnte mir jedenfalls nicht vorstellen, dass das alles geschauspielert war.

Dann fiel mir die SMS ein. Sie und noch zwei weitere stammten von einer unbekannten Nummer.

Melde dich, Eddi

Das musste die Handynummer seiner Mutter sein.

Später: *Melde dich, es ist dringend. Eddi*

Aber was wollte er? Erst redeten wir kaum noch richtig miteinander und jetzt bombardierte er mich mit einer SMS nach der anderen. Seine letzte Mitteilung lautete:

Geh nicht in den Lubella-Club. Jana hat mich auch gefragt. Das ist eine Falle. Eddi

Sie hatte ihn auch gefragt? Warum?

Sofort rief ich die Nummer zurück. Ich stockte kurz, als seine Mutter ranging, aber sie war ganz freundlich. »Eddi ist unterwegs, aber er müsste bald zurückkommen. Soll ich ihm etwas ausrichten?«

Auf einmal beschlich mich ein sehr unangenehmes Gefühl. Kaum aus der U-Bahn, rannte ich, so schnell es ging, nach Hause.

»Wo bist du denn gewesen?«, fragte meine Mutter, als sie mich so aufgetakelt sah. »Eddi sucht dich überall. Erst hat er angerufen, dann kam er sogar persönlich vorbei. Es sah dringend aus. Du bist doch nicht wieder in Schwierigkeiten?«

»Nicht dass ich wüsste«, rief ich und raste in mein Zimmer.

Sofort schaltete ich meinen Rechner ein. Vielleicht hatte mir Eddi ja eine E-Mail geschrieben. Aber da war nichts. Misstrauisch loggte ich mich auf *ON SHOW* ein und rief Janas Seite auf.

Die wahre Geschichte vom bösen Wolf

In diesem Video ist ein echt peinliches Mädchen zu sehen. Aus ihrem nagelneuen Top schaut hinten das Preisschild heraus. Aber es kommt viel schlimmer: Sie stammelt, sie stottert, sie wird rot und verschmiert sich, wie ein kleines Kind und ohne es zu merken, den Lippenstift über das halbe Gesicht, bevor sie dann Sachen sagt wie: »Vielleicht acht oder neun« und »seine Mütze«.

Dieses dumme Mädchen bin ich.

In meinem ganzen Leben habe ich mich noch nie dermaßen geschämt. Warum nur hatte ich mich in den Lubella-Club locken lassen? Warum war ich wieder einmal auf Jana Superspinne reingefallen? Ich las die spöttischen Kommentare der *ON-SHOW*-Nutzer, die Jana mit reichlich Punkten beglückten, und verspürte bloß noch diesen einen, dringenden Wunsch: sofort von meinem Schreibtisch aufzuspringen, loszurennen und erst anzuhalten, wenn ich am Nordpol oder noch weiter weg angekommen war. Künftig würde ich nur noch mit einer braunen Papiertüte über dem Kopf durch die Stadt laufen können. Denn ab sofort würde jeder, wirklich *jeder* Mensch mit dem Finger auf mich zeigen, in albernes Gelächter ausbrechen und sich über mich krank lachen.

Umso mehr überraschte mich Eddis Anruf am Samstagmorgen. Weil ich die halbe Nacht geheult, gegrollt, geschimpft und wieder geheult hatte, bekam ich kaum mehr als ein heiseres Krächzen heraus.

»Hallo Karotte«, sagte er nur, »ich muss dich treffen. Hast du Zeit?«

Ich wollte niemanden sehen, erst recht nicht Eddi. »Hab schon was anderes vor«, log ich.

»Dann sag's ab«, forderte er. »Es ist wirklich wichtig.«

Also zog ich mich doch an und trottete zum Treffpunkt an der U-Bahn-Station. Erst hatte ich die schwache Hoffnung, dass Eddi das verfluchte Video nicht kannte. Nur hatte er sich offensichtlich genauso wenig wie ich auf Ivos Bitte abgemeldet und hielt mir gleich als Erstes seinen iPod mit dem gesprungenen Display unter die Nase: »Schau genau hin.«

»Hast du mich etwa nur hierherbestellt, um mich zu quälen?«, fragte ich gereizt.

»Nein, nein.« Er wedelte mit seinem iPod in der Luft herum. »Aber ich muss dir unbedingt etwas zeigen. Dazu habe ich deinen Auftritt extra heruntergeladen.«

»Eddi!«, brach es aus mir hervor und ich kämpfte schon wieder mit den Tränen. »Ich will das nicht mehr sehen!«

Er wies ungerührt mit dem Finger auf das kaputte Display. »Siehst du diese vielen Schnitte, die verschiedenen Blickwinkel und Nahaufnahmen?« Er schnalzte anerkennend mit der Zunge. »Wenn du mich fragst, waren hier echte Profis mit versteckten Kameras am Werk.«

Ich rieb mir die verquollenen Augen. »Und was bringt mir diese unglaubliche Erkenntnis?«

Ein schwacher Wind blies durch den U-Bahn-Schacht. Kurz darauf fuhr lärmend ein Zug ein.

»Kapierst du denn nicht?« Wir stiegen ein. »Hinter der ganzen Sache steckt die *ON SHOW*. Ich habe mir auch die Filme der anderen Kandidaten angesehen. Die stellen alle irgendwelche Leute bloß, die auch bei *ON SHOW* mitmachen. Total peinliche Sachen, sage ich dir. Du bist damit nicht alleine.«

»Meinst du, ich kann sie zwingen das Video von mir zu löschen?«

Eddi zerstörte meine Hoffnung. »Keine Chance«, erwiderte er. »Die haben sich total abgesichert. Jeder, der bei ON SHOW mitmacht, hat sich beim Anmelden mit allen Veröffentlichungen einverstanden erklärt.«

Eddi schob mich zu einem Vierersitz. »Wohin fahren wir?«, fragte ich.

»Wirst du schon noch sehen«, raunte er geheimnisvoll und setzte sich mir gegenüber. »Aber du musst noch eine Sache wissen. Und die ist viel wichtiger.« Auf einmal sah er mich so komisch an. »Ich finde das gar nicht so schlimm.«

»Du hast gut reden«, meinte ich frustriert. »Du geisterst ja auch nicht als größter Superdepp des Jahrhunderts durchs Internet.«

»Du verstehst nicht.« Er setzte seine Kappe kurz ab und fuhr sich nervös durch die Haare. »Na ja, mir gefällt eigentlich, was du da im Video sagst. Es gefällt mir sogar sehr gut. Und wenn *ich* es mag, dann kann es uns doch eigentlich egal sein, was die Welt darüber denkt. Findest du nicht?«

Ich starrte ihn ungläubig an. »Wenn das wieder einer deiner merkwürdigen Witze sein soll, die ich nicht verstehe …«

»Das ist kein Witz.« Er lachte verlegen.

»Ich dachte, du stehst nur auf Jana.«

»Ach die«, sagte er errötend. »Die kann dir doch nicht das Wasser reichen.«

Hatte ich mich verhört?

Er räusperte sich kurz. »Ernsthaft, Karotte, ohne dieses Video würde ich jetzt doch immer noch denken, dass du überhaupt nichts von mir wissen willst.«

Mein Herz begann plötzlich spürbar zu schlagen. Ganz laut und ganz schnell. »Aber du bist mir doch die ganze Zeit aus dem Weg gegangen.«

»Ich dir!?« Eddi schlug sich mit der Hand auf die Stirn. »Doch nur weil ich blöder Volltroll dachte, dass du nichts mehr mit *mir* zu tun haben willst.« Er grinste breit. »Eigentlich müssten wir Jana sogar dankbar sein. Trotzdem hätte ich nur zu gerne das Video verhindert.«

»Du kannst doch nichts dafür, dass ich deine SMS zu spät entdeckt habe. Und ich wäre vermutlich so oder so in ihre Falle getappt.«

»Ja, leider war bei dir dauernd besetzt. Darum habe ich dir ja die SMS geschickt.«

Hätte ich nicht alle zwei Minuten Jana angerufen, wäre Eddi also durchgekommen, dachte ich. Echt schlechtes Timing.

»Aber wieso hatte dich Jana eigentlich ebenfalls eingeladen?«, wollte ich wissen.

Eddi setzte seine Mütze wieder auf und schob sie langsam nach hinten. »Ich fasse zusammen: Es war einmal vor nicht allzu langer Zeit ein böser, blonder Wolf, der mich anrief. Er gab sich ganz fürchterlich geknickt: *Ich bin ja so fies und gemein zu dir gewesen, Eddi, ein echtes Miststück.* Eben dieses ganze Böser-Wolf-Zeugs. Eine Einladung in den Lubella-Club sollte alles wiedergutmachen …«

»Zu mir hatte sie haargenau das Gleiche gesagt. Aber wieso bist du dann nicht aufgekreuzt?«

»Wäre ich beinah.« Eddi schüttelte den Kopf. »Ursprünglich sollte ich um acht Uhr kommen. Aber dann rief sie wieder an und fragte zuckersüß, ob ich nicht auch schon um fünf könnte.«

»Weil ich nur um fünf Zeit hatte«, flüsterte ich.

Die U-Bahn erreichte den Kleistpark. »Wir müssen raus«, meinte Eddi. »Das kam mir merkwürdig vor und dann hatte ich plötzlich gar keine Lust mehr.«

»Wenigstens du kannst dich auf deinen Instinkt verlassen«, seufzte ich bekümmert.

»Na ja, eher auf meine bittere Erfahrung«, stellte Eddi richtig. »Ich habe mir einfach überlegt, was ich alles schon für Jana riskiert habe. Kein einziges Mal hat sie sich bei mir bedankt, sondern mich immer wie den letzten Idioten behandelt und dann auch noch meinen nagelneuen iPod ruiniert.«

Wir stiegen die Treppe rauf. »Wenn du mich fragst«, sagte Eddi, »wollte sie uns gemeinsam auf *ON SHOW* vorführen.«

Darum hatte dieser Fabian so komisch gefragt, ob ich allein gekommen war. Ich erzählte Eddi von meiner Beobachtung am Übertragungswagen. Wie sie die Kandidaten auswählten, wie fies sie über sie sprachen. »Im Grunde haben sich Jana Banana und diese Arschlöcher gegenseitig verdient«, lautete sein einziger Kommentar. Dann zog er düster die Augenbrauen zusammen. »Also wenn du mich fragst, schreit das geradezu nach Rache.« Er wies auf ein riesiges, sehr hässliches Gebäude vor uns. »Wir sind da.«

Der zwölfstöckige Wohnklotz führte wie eine gigantische Brücke direkt über eine mehrspurige Straße. Aus fast allen Fenstern ragten Satellitenschüsseln. Unter den Wohnungen brausten die ganze Zeit Autos durch. »Was wollen wir hier?«, fragte ich irritiert.

Eddi kostete den Moment sichtlich aus. »Jetzt rate doch mal, wer in diesem Palast wohnt.«

Ich zuckte gleichgültig mit den Schultern. »Keine Ahnung.«

»Okay, dann verrate ich es dir: Hier wohnt Jana Maria böser Wolf.«

»Was?« Das konnte ich überhaupt nicht glauben. »Aber das ist doch unmöglich.«

»Los, komm mit.« Eddi führte mich zu der Haustür. Eine Scheibe war besprüht, die andere eingeschlagen, so dass wir in das heruntergekommene Treppenhaus sehen konnten. Dort stand ein kaputter Kinderwagen ohne Räder. »Gestatten, die Villa Wolf. Ohne Pool, ohne See und ohne Jacht.«

»Jetzt bist du endgültig übergeschnappt ...«, murmelte ich ungläubig.

»Nein, es ist mein völliger Ernst. Oder denkst du vielleicht, dass es sich hier nur um ihre kleine Stadtwohnung handelt?«

Eddi wies auf ein Klingelschild mit dem gekritzelten Namen ›Wolf‹.

»So heißen doch viele Leute«, wiegelte ich ab.

»Schon klar«, räumte Eddi ein. »Aber diese Anschrift stand auf dem Zettel, der neben Janas iPhone im Sekretariatsschrank lag. Den habe ich auch mitgehen lassen. Frag mich jetzt bloß nicht, warum. Gestern habe ich die Adresse aus reiner Neugier einmal in Google-Maps eingegeben und kam genau hier raus.«

»Aber ich habe doch damals ihre Villa auf *ON* gesehen!«

Eddi seufzte und wies zu einer Imbissbude gegenüber. »Na komm, ich lade dich auf eine Falafel ein. Und wenn du mir zuerst eine winzig kleine Frage beantwortest, erkläre ich dir anschließend, wie wir den bösen Wolf mit seinen eigenen Waffen schlagen können.«

»Was willst du wissen?«

»Bist du wirklich in meine Mütze verknallt?«

»LETZTE RUNDE. ZEIGE DEINEN FREUNDEN, WER DU WIRKLICH BIST«

Am Sonntag klingelte ich an der Haustür.

»Ja bitte?«

Ich holte tief Luft, damit ich mich nicht zu aufgeregt anhörte. »Bin ich da richtig bei Wolf?«

Einen Moment blieb es still. »Vierter Stock«, hieß es dann und ich hörte den Türsummer.

Im Aufzug drückte ich auf einen der vergilbten und zum Teil geschmolzenen Knöpfe, an denen anscheinend jemand regelmäßig mit einem Feuerzeug rumspielte. Eddi und ich waren uns einig, dass Jana einen Denkzettel verdient hatte. Sollte sie ruhig weiter an ihrem Image als Superstarmoderatorin basteln – ich würde ihren Abertausenden von Fans bald die wahre Jana Maria Wolf präsentieren. Entschlossen holte ich Eddis zersplitterten iPod aus der Jackentasche. Und sollte der zufällig versagen, hatte ich immer noch meine lila Kamera dabei. Es konnte gar nichts schiefgehen. Dennoch biss ich mir nervös auf die Lippen, als ich an der mit bunten Aufklebern übersäten Wohnungstür läutete. Kein Zweifel, unser Plan war gut, doch unser Feind stark, fies und gnadenlos.

Ich hörte, wie sich schlurfende Schritte näherten, und konnte es kaum erwarten, Janas dummes Gesicht zu sehen. Mit einer Hand hielt ich das Guckloch zu, mit der anderen umklammerte ich den iPod.

Als die Tür schließlich aufging, rief ich »Überraschung!« und hielt mit der iPod-Kamera drauf.

Dummerweise stand aber nicht Jana Superstar vor mir, sondern eine blasse, dunkelblonde Frau ohne Augenbrauen. Sie trug einen alten Frottee-Bademantel zu rosa Hausschuhen mit Fellpuscheln und schaute verärgert von dem filmenden iPod zu mir und zurück.

»Soll das ein blöder Scherz sein?«

»N-nein«, stammelte ich und versuchte rasch den iPod auszuschalten. »Oder doch. Ich meine, äh, ich bin Karo. Eigentlich wollte ich zu Jana. Wir sind verabredet.«

Sofort hellte sich ihr seltsam glänzendes Gesicht auf. »Du bist also Karo ...«, rief sie erfreut und wischte sich die Hand am Bademantel ab, um sie mir danach zu reichen. »Ich bin Janas Mutter. Sie hat mir schon sehr viel von dir erzählt. Komm doch rein.«

Im engen Flur sorgte eine nackte Glühbirne für schwaches Licht und es roch nach Parfüm und Seife. An ein paar gestapelten Kartons lehnten zwei volle Tüten mit leeren Flaschen. »Entschuldige bitte die Unordnung, aber ich arbeite von zu Hause aus«, erklärte sie auf dem Weg ins Wohnzimmer und schaltete die starke Lampe aus, die eine riesige blaue Lederliege angestrahlt hatte. Sie erinnerte mich an einen Zahnarztstuhl. Auf einem Beistelltisch standen neben einer Wimpernzange und Nagelfeilen sehr viele Töpfchen, Tiegel und Tuben. Ich starrte auf ein riesiges Werbeposter für Make-up und las auf der gerahmten Urkunde daneben die goldene Inschrift: *KOSMETIK-ZERTIFIKAT Wanda Wolf.*

Außerdem ragte ein ausgeklapptes, ungemachtes Bettsofa mitten in den Raum hinein und der Fernseher lief ohne Ton.

»Kleinen Moment.« Sie raffte das Bettzeug zusammen und

stopfte es mehr schlecht als recht in einen Korb. »Hier sieht's gerade ein wenig wild aus.«

Mit wenigen Handgriffen verwandelte sie das Möbel wieder in ein gewöhnliches Sofa und wies dann lächelnd auf den iPod in meiner Hand. »Jana hat auch so ein Gerät. Schrecklich. Genau wie du kann sie es keine Sekunde aus der Hand legen.«

Dann zündete sich Frau Wolf eine Zigarette an, sammelte schnell ein paar leere Flaschen ein und hielt dabei mit einer Hand ihren Bademantel zu. »Willst du vielleicht etwas trinken? Ich habe Cola da.«

»Cola wäre toll.«

Nachdem Janas Mutter auf ihren Puschen hinausgeschlurft war, stand ich zunächst wie versteinert da. Das war also diese angeblich gute Freundin, die sie mit raffinierten Schminktipps versorgte und über meiner Preisklasse lag. Dann gab ich mir einen Ruck, schließlich hatte ich eine Mission zu erfüllen. Schnell filmte ich das ganze Wohnzimmer mit allen Einzelheiten.

»Ich habe leider doch keine Cola mehr«, hörte ich Janas Mutter aus der Küche rufen. »Willst du vielleicht einen Saft?«

Ich betrat die fensterlose Küche mit der runden Neonlampe. Es gab nur zwei Herdplatten, auf denen Abdeckungen aus Metall lagen, und eine Mikrowelle. Frau Wolf kniete gerade vor dem Kühlschrank. »Also, ich habe nur noch Eistee.«

»Eistee wäre super«, sagte ich.

Sie spülte schnell ein schmutziges Glas aus. »Meine Güte«, rief sie plötzlich. »Du hast mir eben einen schönen Schreck eingejagt. Als es klingelte, dachte ich erst, dass ich einen Kundentermin verschwitzt habe. Aber heute ist ja Sonntag, da bleibt mein Kosmetikstudio natürlich geschlossen.« Kopfschüttelnd goss sie mir den Eistee ein, wobei sie ihre Zigarette im Mund behielt. Im kalten Licht glänzte ihr Gesicht noch stärker als zuvor. »Mensch, Karo, ich freue mich wirklich, dass ich dich endlich kennenlerne.« Frau Wolf seufzte. »Jana bringt ja nie jemanden mit. So oft, wie sie bei dir übernachtet hat, müsst ihr ja richtig dicke Freundinnen sein, nicht wahr?«

Ich schluckte. »Wo steckt Jana eigentlich?«

Sie fuhr mit der Zigarettenhand durch die Luft und malte dabei einen Zickzack aus Rauch. »Du kennst doch Jana, immer auf Achse. Aber wenn ihr verabredet seid, wird sie sicher gleich kommen.« Sie lächelte mich an. »Du kannst gerne in ihrem Zimmer warten, wenn du möchtest.«

Janas Mutter führte mich durch den Flur und öffnete eine Tür zu einem altmodischen Erwachsenenschlafzimmer mit Doppelbett und einem beleuchteten Schminktisch. Über eine ganze Wand erstreckte sich ein eierschalenfarbener Kleiderschrank, dem allerdings eine Tür fehlte. Auf dem Bett lagen ein paar Klamotten. Eindeutig Janas.

»Jana wünscht sich natürlich ein eigenes Jugendzimmer«, erklärte Frau Wolf entschuldigend. »Aber wir haben nur diese zwei Räume und irgendwo muss ja auch ich mit meinen Sachen hin.« Sie drückte die Zigarette in dem Aschenbecher auf einem der Nachttische aus. »Es kommen bestimmt auch wieder bessere Zeiten.« Sie räusperte sich. »Ich bin gleich wieder da, ich zieh mir nur schnell was über.«

Eine Weile schaute ich mich verblüfft um. So hauste also Jana Superstar.

Wieder zeichnete ich alles genau auf: das zugemüllte Doppelbett, den kaputten Kleiderschrank, die beiden Nachttische mit den Aschenbechern und die grässliche Fototapete mit Sonnenuntergangsmotiv. Die herumliegenden Shirts, die Kleider und Hosen, zum Teil noch mit Preisschildern. Der beleuchtete Schminktisch mit den am Spiegel klebenden Starbildern und dem Stundenplan, das Make-up, der Nagellack, der falsche Schmuck, die leeren Zigarettenpackungen, dazwischen ein Notebook und ein paar Schulbücher. Das dürfte als Munition für meine Rache genügen, dachte ich. Aber als ich zufrieden meine Aufnahmen ansehen wollte, traf mich der Schlag: In meiner unendlichen Dämlichkeit war es mir gelungen, nichts aufzunehmen. Ich meine, fast nichts. Nur meine Füße im Fahrstuhl, ein paar Bildfetzen vom Wohnzimmer, die Mutter beim Aufräumen, das Gespräch in der fensterlosen Küche und kleine, verwackelte Bruchstücke von Janas Zimmer. Ich musste die Knöpfe durcheinandergebracht haben. Immer wenn ich aufzeichnen wollte, hatte ich offensichtlich auf *Stopp* gedrückt. Und umgekehrt: Statt den Film zu beenden, hatte ich aufgenommen. Dümmer ging's doch wirklich kaum! Was jetzt? Mir lief die Zeit davon. Verärgert steckte ich den iPod in meine Jackentasche und nahm hastig mit meiner Kamera ein paar Bilder auf. Dann kontrollierte ich sie lieber zur Sicherheit noch einmal.

»Alles scharf, alles drauf«, murmelte ich zufrieden und tätschelte die Kamera. Da stand auf einmal Jana in der Tür. Fast so schön wie immer, allerdings schreckensbleich.

Wie wär's zur Abwechslung mal
mit der Wahrheit

»Wie hast du meine alte, kranke Tante gefunden?«, fragte sie nach einer winzigen Schocksekunde.

»Ach Jana«, erwiderte ich müde. »Ich weiß, dass sie deine Mutter ist und ihr beide zusammen hier wohnt.«

Sie blieb stocksteif im Türrahmen stehen. »Ich hab's dir doch gerade erklärt«, zischte sie gereizt. »Meine alte Tante ist krank. Geisteskrank. Depressiv. Tablettensüchtig. Die lebt in ihrer eigenen Welt, verstehst du? Ich besuche sie nur ab und zu oder kaufe ein paar Sachen für sie ein.«

Ich lachte verblüfft. Unglaublich, Jana kam einfach nicht gegen ihre Natur an. Selbst wenn alles vorbei war, musste sie noch weiter lügen.

»Was ist denn daran so lustig?«, empörte sie sich.

»Na ja. Wenn das stimmt, wieso liegen hier dann überall deine Klamotten und Schulsachen herum?«

Bestimmt hätte sie auch darauf eine passende Antwort gefunden. Aber in diesem Moment erschien Frau Wolf, die sich angezogen und frisch geschminkt hatte. Liebevoll legte sie einen Arm um ihre Tochter. »Sag mal, Schätzchen, soll ich euch beiden Hübschen nicht einen Happen zu essen machen?«

Jana befreite sich schroff aus der Umarmung. »Kannst du mich nicht einfach mal in Ruhe lassen?«, herrschte sie ihre Mutter an, trat schnell zu mir ins Zimmer und knallte die Tür zu. Ich nahm an, dass sich Frau Wolf so ein Benehmen nicht gefallen lassen würde und es jetzt zum Streit käme. Aber nichts. Die Tür blieb geschlossen.

Jana zeigte auf meine Kamera. »Wie ich sehe, hast du Fotos gemacht.«

»Kann schon sein«, antwortete ich so gelassen wie möglich.

Sie verschränkte die Arme. »Und was hast du mit den Bildern vor, wenn ich fragen darf?«

»Das überlege ich mir noch.«

»Willst du sie veröffentlichen?«

»Mal sehen.«

Jana biss sich auf die Unterlippe. »Und lässt sich das irgendwie ... verhindern?«

Einen Moment lang schwieg ich. »Du könntest ja mal zur Abwechslung die Wahrheit sagen«, schlug ich schließlich vor.

Sie fuhr sich nachdenklich mit der Hand durch die blonde Mähne. »Also gut. Du hast gewonnen. Ich wohne hier.« Sie setzte sich auf den dreibeinigen Hocker vor dem Schminktisch und zog ihre hohen, schwarzen Stiefel aus. »Bist du jetzt zufrieden?«

»Nein.« Ich ließ mich langsam auf dem Bettrand nieder. »Das wusste ich ja bereits. Woher kommen diese Fake-Bilder von dir und der Villa im Netz?«

»Das ist kein Fake«, behauptete sie. Jana begann ihre Füße zu massieren. »Da haben wir wirklich bis vor kurzem gewohnt. Aber dann musste sich mein Dad ja in seine 22-jährige Produktionsassistentin verlieben.« Jana verdrehte die Augen. »Dieses Loch war das Einzige, was wir auf die Schnelle gefunden haben.« Sie sah mich ernst an. »Eins musst du mir glauben, Karo, das ist nur eine Übergangslösung, bis die Scheidung der beiden durch ist.«

Jana kramte ein Päckchen Zigaretten aus ihrer Tasche.

»Wenn ich eins glaube«, erklärte ich seelenruhig, »dann nur, dass ich dir rein gar nichts mehr glaube.«

»Das ist aber die volle Wahrheit!« Sie spielte unruhig mit dem Zigarettenpäckchen in ihren Händen. »Ich schwör's dir! Vermutlich wird sich aber die Scheidung noch länger hinziehen, weil mein Dad mit seiner neuen Tussi für ein halbes Jahr nach Kalifornien gezogen ist. Ihr Name ist Yolanda und sie drehen dort gerade einen Film.«

»Das verstehe ich irgendwie nicht«, unterbrach ich sie ungläubig. »Du hast uns doch erzählt, dein Vater habe ein Fotostudio.«

»Ja.« Jetzt zog sie eine Zigarette heraus, zündete sie an und warf das rosa Feuerzeug achtlos auf den Schminktisch, wobei zwei Nagellackflaschen umfielen. »Hat er auch. Ein Fotostudio. Das stimmt. Aber außerdem ist mein Dad ein sehr gefragter Kameramann. In Hollywood. Und irgendwann will er auch mit mir einen Film drehen ...«

Ich erhob mich vom Bett und ging auf die Tür zu.

Erschrocken sprang Jana auf. »Wo willst du denn hin?«

»Nach Hause«, erklärte ich genervt. »Für heute habe ich genug Märchen gehört.«

Als ich nach der Klinke griff, hielt sie meinen Arm fest. »Bitte geh nicht!«

Zum ersten Mal fühlte ich mich Jana wirklich überlegen. »Nenn mir nur einen guten Grund, warum ich bleiben soll!«

»O-okay«, stammelte sie, »eine fette Entschuldigung ist mehr als fällig. Hör zu, Karo, es tut mir wirklich wahnsinnig ...«

Ungnädig würgte ich sie ab: »Jana, warum ersparst du uns das nicht einfach?«

»Was ist mit Geld?«, fragte sie. »Brauchst du vielleicht Geld?«

»Nein.«

»Soll ich dir meine Punkte geben?« Nervös wies sie auf ihr Notebook. »Warte, ich kann dir auch rasch deine zurück-übertragen und noch ein paar Punkte drauflegen.«

»Kein Interesse.«

»Möchtest du vielleicht wieder in die *ON SHOW* zurück? Ich lege bei Fabian ein gutes Wort für dich ein. Er mag dich und bekommt alles hin. Du musst es nur sagen …«

»Lass gut sein.«

»Verdammte Scheiße.« Sie nahm ein paar hektische Züge von ihrer Zigarette. »Dann sag doch endlich, was du eigent-lich willst, zum Teufel noch mal!«

»Eigentlich wollte ich die ganze Zeit immer nur eins«, er-widerte ich. »Deine Freundin sein. Ich sehe jetzt aber ein, dass das nicht möglich ist. In deinem Leben zählt nur die *ON SHOW* und deine Karriere – für so etwas wie echte Freund-schaft gibt es offensichtlich keinen Platz.«

Jana beobachtete schweigend, wie ihre Zigarette bis zum Filter abbrannte. Ich wollte sie gerade zur Seite schieben, um zu gehen. »Ich hatte noch nie eine echte Freundin«, mur-melte sie. »Keine Ahnung, wie das geht.« Sie sah mich kurz an und starrte dann wieder auf ihren angekokelten Zigarettenfil-ter. »Und seit Jahren habe ich niemandem die Wahrheit über mein beschissenes Leben erzählt. Wozu auch?«

Auf einmal hörte sie sich irgendwie echt an, gar nicht

mehr wie dieses hochnäsige Biest ›Jana Superstar‹. Und auch nicht mehr wie eine verzweifelte Lügnerin, die zu retten versuchte, was nicht mehr zu retten war. Sie klang bloß sehr bitter, mutlos und enttäuscht.

»Weil es einfach guttut, wenn man jemandem sein Herz ausschütten kann«, sagte ich vorsichtig.

Jana gab die Tür frei und legte die abgebrannte Zigarette in den Aschenbecher. Erst wirkte sie seltsam starr, doch dann erkannte ich, dass sie weinte. Fest presste sie die Lippen aufeinander und wischte sich mit einer groben Bewegung die Tränen weg. »Wir haben nie in einer Villa gewohnt«, gestand sie schließlich. »Mein Dad ist weder Kameramann noch besitzt er eine Fotoagentur. Ich habe ihn seit Jahren nicht gesehen.«

»Warum? Weil er in Hamburg lebt?«

Sie griff wieder nach dem Päckchen Zigaretten und setzte sich schlaff aufs Bett. »Ich war auch in meinem ganzen Leben noch nie in Hamburg.« Sie spielte erneut mit der Schachtel. »Genau genommen kenne ich meinen Vater überhaupt nicht.«

»Was?«, fragte ich entsetzt. »Du weißt nicht, wer dein Vater ist?«

Sie schüttelte den Kopf.

»Hast du denn nie deine Mutter nach ihm gefragt?«

Jana sah mich höhnisch an. »Was denkst du wohl?« Die Zigaretten fielen zu Boden. »Tausendmal habe ich die gelöchert. Aber die blöde Schlampe sagt einfach nichts dazu …«

»Und wer ist dann der Typ, der dich ab und zu mit dem Porsche zur Schule fährt?«

Sie grinste schief. »Das kommt schon cool rüber, nicht wahr?« Sie wischte sich wieder über das Gesicht. »Das ist ihr Bruder. Mein Onkel Fred ist wenigstens erfolgreich. Er arbeitet für so eine Immobilienfirma. Von ihm habe ich auch mein iPhone und sein altes Notebook. Er steckt uns ab und zu etwas Kohle zu. Erinnerst du dich an die Geldscheine, mit denen ich neulich gewedelt habe?«

Ich nickte.

»Das Geld hat er mir gegeben, damit wir wenigstens mal die Miete zahlen können.« Sie machte ein verächtliches Gesicht. »Weißt du, diese Kuh hat fette Schulden und kriegt einfach nichts gebacken. Kennt meinen Vater nicht, verliert ihre Jobs als Verkäuferin, macht eine schwachsinnige Umschulung zur Webdesignerin und hat dabei nicht mal einen richtigen Computer. Und jetzt versucht sie uns zur Abwechslung als Kosmetikerin über die Runden zu bringen. Nur, wie soll das gehen, ohne einen einzigen Kunden?«

Ich wusste nicht, was ich sagen sollte.

»Als ich damals nicht mit euch auf die Klassenreise nach Paris durfte, habe ich regelrecht aufgeatmet«, bekannte sie. »Dadurch hatte ich wenigstens einen offiziellen Grund. So oder so wäre ich nicht mitgefahren, weil sie immer dann keinen Cent übrig hat, wenn es mal um mich geht.«

»Aber es gibt doch Zuschüsse«, meinte ich unsicher, »wenn eine Familie knapp bei Kasse ist.«

»Nix für ungut, Karo.« Jana hob das Päckchen wieder auf. »Aber das kannst du nicht verstehen. Du kommst aus normalen Verhältnissen. Deine Eltern leben zusammen und tun fast alles für dich, stimmt's?«

Ich nickte.

»Aber die?« Sie schnaufte verächtlich und nickte mit dem Kopf in Richtung Tür. »Die kann nicht mal auf sich selbst aufpassen. Jedes Wochenende zieht sie los, um irgendwelche Online-Bekanntschaften zu treffen. Könnte ja sein, dass sich ein verirrter Millionär unter den Verehrern findet. Aber spätestens wenn der mitbekäme, dass die nicht mal Tütensuppen draufhat, wäre der auch gleich wieder weg. Wie alle anderen.«

Auf einmal war ich wahnsinnig deprimiert. Das lag weniger an all den Enthüllungen als an der tiefen Hoffnungslosigkeit, die Jana ausstrahlte. Es musste doch irgendwie eine Lösung oder Hilfe geben. Nachdenklich geworden setzte ich mich auf den Hocker. »Könntest du denn nicht bei deinem Onkel leben?«

»Würde ich ja gerne, aber Fred sagt, dass die dann kein Wort mehr mit ihm reden würde. Und das will er nicht riskieren. Ist halt auch nur ein Schlappschwanz.«

»Und wenn du mit anderen Jugendlichen in eine WG ziehst?«

»Von was denn?« Sie zog eine Grimasse. »Außerdem habe ich so was schon versucht. Zwei Mal bin ich abgehauen, aber die Polizei hat mich immer schnell geschnappt und wieder zurückgebracht.« Sie beugte sich vor und stützte sich auf den Oberschenkeln ab. »Darum habe ich ja diese Fake-Fotos bei ON SHOW reingestellt. Wenigstens dort kann ich das Leben führen, das ich mir wünsche.«

»Wie hast du diese Bilder hinbekommen? Mit Photoshop?«

»Die sind super, nicht wahr?« Sie seufzte. »Nein, das ist alles echt. Ich war mit meinem Onkel Fred bei der Hausbesichtigung einer Villa von Leuten, die pleitegegangen sind. Ich habe ihn gebeten die Fotos von mir zu machen. Für ein ›Schulprojekt‹. Ha, ha, ha.«

»Dieses Doppelleben muss ja irrsinnig anstrengend sein«, vermutete ich. »Wie lange willst du das noch durchhalten?«

»Keine Ahnung.« Müde zuckte sie mit den Schultern. »Oder meinst du etwa, meine Fans würden ›Jana Superstar‹ auch nur einen müden Punkt geben, wenn sie die ganze armselige Wahrheit über mich und mein Leben in dieser runtergekommenen Bruchbude wüssten, in der die Kakerlaken Tango tanzen?« Sie lachte verächtlich, wurde aber gleich wieder ernst. »Die ON SHOW ist mein Ticket hier raus. Auch wenn ich dafür nur diese Hölle gegen eine andere eintausche.«

»Wie meinst du das?«

»Ich weiß, du wirst mir nie wieder ein Wort glauben, aber es hat mir wirklich keinen Spaß gemacht, dich im Lubella-Club so fies zu verarschen. Ich habe mich in Grund und Boden geschämt. Dabei beneide ich dich eigentlich sogar um deine Freundschaft zu Eddi.« Sie schniefte einmal kurz. »Und ich will auch gar keine Brust-OP. Das habe ich nur gesagt, weil die Leute von der ON SHOW so was hören wollen. Wenn du dich nicht an deren Regeln hältst, bist du schneller raus, als du bis drei zählen kannst. Am Anfang hat mich das nicht sonderlich gestört, aber allmählich wird das blöde Spiel immer anstrengender. Erinnerst du dich an Fabian von Strelitz?«

»Der Glatzkopf im Club …«

»Er sagt, dass er an mich glaubt und mich toll findet. Darum hat er mir auch die Quittung für die Sonnenbrille besorgt und mir irgendwie zu dem vierten Platz verholfen. Jetzt will er zum Dank, dass ich ihn zu einem Kurzurlaub nach New York begleite und so einen Scheiß. Der denkt wahrscheinlich, ich wäre wirklich schon 17.«

Geschockt starrte ich Jana an. Allein bei dem Gedanken an diesen miesen Typen wurde mir schon schlecht. »Der ist doch das totale Ekelpaket! Und? Was wirst du tun?«

»Wenn ich das wüsste!« Sie verzog verzweifelt das Gesicht. »Und unter uns: Ich finde Fabian auch voll eklig. Er ist genauso ein aufdringlicher Dreckskerl wie Lenny. Aber sage ich zu New York Nein, bin ich aus der *ON SHOW* raus. Sage ich Ja, kann ich mich nie wieder im Spiegel anschauen.«

Ich dachte nach. »Wenn du tun könntest, was du wolltest, was würdest du dann am liebsten machen?«

»Ganz ehrlich? Am liebsten würde ich diesem Fabianarsch den Rücken kehren, alleine in eine eigene Wohnung ziehen und mit jemandem befreundet sein, der so anständig ist wie du.«

»Wenn du bei der *ON SHOW* aussteigen willst, kannst du auf mich zählen«, versprach ich. »Und für deine anderen Probleme finden wir schon eine Lösung.«

»Aber wie soll das gehen?«, fragte sie misstrauisch. »Würdest du mir vielleicht nach all dem noch eine Chance geben? Das glaubst du doch selbst nicht.«

»Ganz ehrlich: Ich finde es furchtbar, was du mir angetan hast, und ich wollte eigentlich nie wieder etwas mit dir zu tun haben. Aber ich kannte auch die ganzen Hintergründe nicht.«

Ich holte tief Luft. »Lass uns einen neuen Pakt schließen. Wenn es dir wirklich ernst ist, steigen wir beide noch heute ein für alle Mal bei *ON SHOW* aus und geben unserer Freundschaft eine Chance. Dann schauen wir gemeinsam, ob es nicht doch Möglichkeiten gibt, eine WG oder so etwas für dich zu finden. Zu zweit ist alles leichter.«

»Du musst verrückt sein«, sagte Jana ungläubig. »Komplett verrückt.«

Ich lachte sie an. »Dann bin ich eben komplett verrückt.«

Sie wischte sich mit dem Handrücken über die Wangen. »Einverstanden. Ich möchte einfach bloß meine Ruhe haben, Karo …« Sie lächelte verkrampft. »Scheiß auf die *ON SHOW.* Ich werde mich noch heute mit einem letzten Posting anständig von meinen Fans verabschieden. Und das war's dann. Falls du mir jetzt nicht glaubst, kann ich es dir nicht verdenken. Ich an deiner Stelle würde mir auch nichts mehr glauben. Aber sobald du zu Hause ankommst, wirst du sehen, dass ich ausnahmsweise die Wahrheit sage.«

Bedächtig öffnete ich eine Klappe im Gehäuse meiner Kamera und reichte ihr die Speicherkarte.

Fragend sah sie mich an. »Was soll ich damit?«

»Alles löschen«, sagte ich.

Jana ist off

Erinnerst du dich, wie ich immer wieder daran gezweifelt habe, ob Jana überhaupt meine Freundin war, geschweige denn meine beste Freundin? Auf dem Weg zurück prüfte ich mich selbst einmal kritisch: Hatte ich mich denn jemals ihr gegenüber wie eine echte Freundin verhalten? Hätte ich nicht mit ein wenig gesundem Menschenverstand längst merken müssen, dass all ihre atemberaubenden Geschichten einen Tick zu dick aufgetragen waren, um wahr zu sein? Warum nur hatte ich nie genauer hingehört oder nachgefragt? Vermutlich wollte ich mich nur zu gerne von ihrem selbstsicheren Auftritt blenden lassen. Ja, ich war viel zu sehr damit beschäftigt, selbst so wie Jana zu sein, anstatt hinter ihre ganze Superstar-Show blicken zu wollen.

Ab sofort würde sich das ändern. Von nun an wollte ich für Jana da sein. Für die wahre Jana jedenfalls. Und sie würde getrost darauf vertrauen können, dass ihr Geheimnis bei mir in guten Händen lag.

Zu Hause rief ich wie verabredet Eddi an und versuchte ihm zu erklären, dass ich Jana noch eine allerletzte Chance geben wollte. Den Rest verschwieg ich. Aber er hörte gar nicht richtig zu und wollte nur immerzu wissen, ob ich schön fiese Aufnahmen bekommen hatte. Was blieb mir also anderes übrig, als ihm von meinem technischen Missgeschick zu erzählen?!

»Du hast was?«, fragte er entsetzt, während ich mein Notebook einschaltete.

»Mist gebaut. Der iPod hat nichts aufgenommen.«

»Wie bitte?«, rief er. »Und was ist mit Plan B? Ist auf deiner Kamera auch nichts drauf?«

»Doch, aber ich habe ihr die SD-Karte gegeben.«

»Du hast was?«, schrie er ins Telefon. »Bist du irre?«

»Ehrlich, Eddi, du hättest sie sehen sollen«, versuchte ich ihn zu beschwichtigen, ohne nähere Einzelheiten zu erzählen. »Sie tat mir so unendlich leid – ich konnte einfach nicht anders …«

»Nimm's mir nicht übel, Karotte, aber sie hat dir bestimmt nur wieder etwas vorgespielt.«

»Diesmal nicht.« Ich ging online. »Wirklich!«

Doch Eddi kriegte sich gar nicht wieder ein. »Ich kapier einfach nicht, wieso du ihr deinen einzigen Trumpf gegeben hast. Damit wäre sie bei *ON SHOW* so was von erledigt gewesen …«

»Mit *ON SHOW* ist es sowieso vorbei.« Rasch überflog ich die neusten Postings. »Sie will sich nur noch verabschieden und dann noch heute abmelden. Das hat sie mir versprochen.«

»Versprochen?«, wiederholte er gereizt. »Daran glaubst du doch selbst nicht. Für die ist doch ›versprechen‹ und ›leck mich‹ ein und dasselbe.«

Meine Augen scannten den Bildschirm ab. Nirgends sah ich ein Posting von Jana. Allerdings auch keinen Abschiedseintrag. »Ich bin gerade online und kann sie nirgends finden«, triumphierte ich. »Eddi, diesmal hat sie tatsächlich Wort gehalten. Jana ist off. Jetzt bin nur noch ich dran.«

»Schwachsinn«, brummte Eddi. »Das ist doch bloß wieder so ein blöder Trick von ihr. Jana ohne *ON SHOW* ist wie ein Schwarm Fliegen ohne Hundescheiße.«

»Schau doch selbst nach, wenn du mir nicht glaubst.«

»Wie denn?«, rief er aufgebracht. »Du weißt doch, dass mich meine Eltern nie an ihren Rechner lassen. Und du hast immer noch meinen iPod! Und wann kriege ich den eigentlich mal wieder?«

»Was ist denn bloß los?«, fragte ich verunsichert. »Du schnauzt mich die ganze Zeit nur an. Bist du jetzt etwa sauer auf mich?«

»Nur im Moment«, gestand er nach einer kleinen Pause. »Ich hatte mich schon so darauf gefreut, es dieser falschen Schlange mal richtig heimzuzahlen.« Er räusperte sich. »Aber keine Sorge, Karotte, bis morgen habe ich mich vermutlich wieder abgeregt ...«

Nachdem wir aufgelegt hatten, zog ich Eddis iPod aus meiner Jacke, um meine missglückten Filmaufnahmen zu löschen. Das Gerät wollte gleich unser WLAN-Passwort wissen.

Bereitwillig gab ich es ein und sah mir in aller Ruhe seine Apps an. Die vielen Spiele waren typisch für Eddi. Ich tippte auf Fotos und stieß dabei zu meiner Verwunderung auf eine Aufnahme mit 28 Minuten. Was war das denn? Das Bild blieb schwarz, aber ich hörte ein paar Geräusche. Und Stimmen. Eben noch mehr Schrott, den das Ding in meiner Tasche unbeabsichtigt aufgenommen hatte.

Gleich neben meinen Pleitevideos stieß ich auf ein paar kleine Fotos. Allesamt zu winzig, um wirklich etwas zu erkennen. Neugierig öffnete ich sie – und musste grinsen. Viele Bilder waren es nicht, vielleicht zehn oder zwölf, aber sie zeigten alle das gleiche Mädchen: mich. Nein, überhaupt nix Peinliches. Eher so heimlich im Schulhof geknipst oder in der Klasse schräg von hinten aufgenommen. Auf keiner Aufnahme war ich wirklich gut zu sehen. Ich beschloss dem kleinen Stalker einen Gefallen zu tun. Also machte ich mit seinem iPod ein paar anständige Selbstporträts und legte eins sogar als Hintergrundbild an. Ich musste lachen: Durch die vielen Risse im Display sah ich wie eine verrunzelte Oma aus. Zudem lag ein weißes »O« mit blauem Hintergrund auf meinem rechten Auge. Die App von ON SHOW sah echt cool aus, so dass ich sie einfach öffnen musste. Und was entdeckte ich als Erstes?

Ein Posting von Jana. Irgendein blödes Bild von ihren angeblich neuen Schuhen. Der Eintrag war gerade mal 22 Minuten alt und hatte schon 124 Punkte kassiert.

Aber das konnte doch nicht möglich sein!

Irritiert verglich ich die ON-SHOW-Seite meines Notebooks damit: Hier gab es gar keinen Eintrag von Jana. Nichts.

Ungläubig starrte ich auf Eddis iPod, als ein weiteres Posting von ihr aufpoppte:

Meine lieben Fans, nur noch wenige Tage, der Countdown läuft. Nicht vergessen: Alle Punkte für Jana Superstar ;-))).

Nach einem Abschiedsposting sah das wirklich nicht aus. Außerdem erschien diese Meldung nur auf Eddis iPod. Warum auf seinem iPod, aber nicht auf meinem Notebook?

Es dauerte etwa eine komplette Minute, bis ich endlich kapierte: Jana hatte sich überhaupt nicht abgemeldet, sondern nur mich als »Freund« gelöscht.

Im ersten Moment war ich viel zu fassungslos, um zu reagieren. Dann aber packte mich die Wut. Eine Riesenwut. Eine verdammte Riesenwut.

Empört knöpfte ich mir noch einmal die missglückten Videos auf Eddis iPod vor. Mit ein wenig Geduld stieß ich zwischen den ganzen verwackelten Aufnahmen immer wieder auf einen interessanten Schwenk oder einen vielsagenden

Schnipsel: Janas Mutter im Bademantel, das ausgeklappte Bettsofa im Wohnzimmer und eine kurze Rundumaufnahme ihres merkwürdigen Zimmers mit dem kaputten Schrank und der schrecklichen Fototapete. An den tauglichen Stellen machte ich Screenshots. Dann fiel mir wieder das 28-minütige, bildlose Video ein. Ich spulte atemlos vor und stellte hocherfreut fest, dass unser ganzes, ›ehrliches‹ Gespräch zu hören war. Ich probierte eine Weile herum und fand heraus, wie ich einzelne Ausschnitte und Bilder an mich mailen konnte. Dann frickelte ich auf meinem Notebook ein »Best-of« zusammen: Janas ätzende Aussagen über ihre Mutter, die Wahrheit über die Fake-Bilder und ihre Lästereien über die ON SHOW im Allgemeinen und ganz speziell über Fabian. Zusammen mit meinen Screenshots würde das auf ON SHOW eine explosive Mischung ergeben. Anschließend löschte ich meine Spuren auf Eddis iPod.

Ich hoffe, es geht ihr gut

Gerade eben ist meine Mutter ins Zimmer geplatzt. »In einer halben Stunde gibt es Essen«, hat sie gesagt, sich aber nicht vom Fleck gerührt und über meine Schulter gelinst. »Mit wem chattest du gerade?«

»Mit Eddi«, habe ich wahrheitsgemäß gesagt.

Da hat sie blöd gegrinst und auf meinen Stoffhasen gezeigt, der seit kurzem Eddis Kappe tragen darf. »Dein Freund Eddi scheint seine Mütze bei dir vergessen zu haben.«

»Das ist keine Mütze«, habe ich sie korrigiert, »sondern eine Kappe. Und er hat sie auch nicht vergessen.«

»So, so«, hat sie vielsagend gemeint und dann die Tür wieder hinter sich zugezogen.

Ich muss lächeln.

Dein Freund Eddi.

Wie das klingt!

Er und ich, wir haben uns gemeinsam auf *ON SHOW* abgemeldet und wollen auch nichts mehr damit zu tun haben.

Vielleicht war es eine unüberlegte Kurzschlussreaktion, aber nach Janas letztem Verrat musste ich einfach meine ganze aufgestaute Wut mal rauslassen. Immerhin war ich so schlau, das enthüllende Material über Jana nicht selbst zu posten. Vielmehr habe ich alles anonym an *Gerd the Nerd,* das größte Tratschmaul auf *ON SHOW,* gemailt. Nicht ohne Wirkung.

Am Anfang hat es mir großen Spaß gemacht, den Untergang von ›Jana Superstar‹ mit anzusehen. Nach einigem Wirbel, der durch alle Onlinemedien ging, wurde sie nicht nur offiziell von *ON SHOW* ausgeschlossen, auch Fabian von Strelitz verlor seinen Job bei dem sozialen Netzwerk. Ich habe keine Ahnung, wer dann letztlich der glückliche Gewinner und Moderator der *ON SHOW* geworden ist. Aber ganz ehrlich: Es interessiert mich auch nicht mehr.

Später dann kam das schlechte Gewissen.

Jana ist nie wieder an unsere Schule zurückgekehrt. Niemand weiß etwas über sie. Sie bleibt einfach spurlos verschwunden. Irgendwann habe ich sogar mal mit Eddi das hässliche Wohnhaus aufgesucht, doch an der immer noch kaputten Haustür hatte jemand den Namen Wolf überklebt. Kurz darauf habe ich meinen ganzen Mut zusammengenommen und ihre Handynummer angerufen. Was ich hätte sagen wollen? Keine Ahnung. Aber eine Stimme vom Band teilte nur mit, dass die Rufnummer nicht vergeben sei. Das ist jetzt alles einige Monate her. Ich frage mich oft, was wohl aus ihr geworden sein mag. An guten Tagen stelle ich mir vor, dass sie vielleicht mit ihrer Mutter nach Hamburg gezogen ist, um ganz neu anzufangen. Vielleicht als Model. Das Zeug dazu hatte sie bestimmt. Aber was ich mir an schlechten Tagen vorstelle, na ja, das möchte ich lieber nicht sagen. Ich hoffe, es geht ihr gut.

Das alles musste ich dir erzählen, aber es darf wirklich niemand erfahren. Nur dir kann ich noch vertrauen. Ich weiß, dass bei dir ein Geheimnis auch ein Geheimnis bleibt – und es nicht gleich die ganze Welt erfährt.

Danksagung

An dieser Stelle möchte ich mich für Rat und Tat bei folgenden Menschen bedanken:

Marlies, die weiß, warum. Lotta und Mila, die ein Herz und eine Seele sind. Sowie bei Luis und Max, der schlimmsten Männer-WG seit den Höhlenmenschen.

Ein besonderer Dank an Frank Kühne und eine unvergessliche Zugfahrt.

Weiterer Dank gebührt Anne Bender, Tina Blase, Ulrike Dick, Marco Fileccia, Birgit Hock, Birgit Kimmel, Gudrun Menzel, Christine Stahr, Cordula Thörner und Pia Trzcinska.

Berlin im Januar 2013,
Thomas Feibel

👍 Karo Lipschitz gefällt das.

Thomas Feibel

Jetzt pack doch mal das Handy weg!

Wie wir unsere Kinder von der digitalen Sucht befreien

Taschenbuch.
Auch als E-Book erhältlich.
www.ullstein-buchverlage.de

Kinder, die auf Handys starren

Der richtige Umgang mit Tablets und Smartphones ist zur erzieherischen Mammutaufgabe geworden. Wie können Eltern dem WhatsApp-Dauerchat etwas entgegensetzen? Sind handyfreie Zeiten sinnvoll? Was sind die Erfolgsrezepte anderer Familien? Deutschlands versiertester Medienexperte hat mit Eltern, Psychologen und Erziehern gesprochen und zeigt, wie wir uns exklusive Zeit für die Familie zurückerobern.

TÖDLICHES MOBBING

Celia Rees
KLASSENSPIEL
Taschenbuch
192 Seiten
ISBN 978-3-551-35344-3
Auch als E-Book erhältlich

AM ANFANG IST ES NUR EIN SPIEL – das Spiel einer Klasse mit Lauren, der Neuen aus Australien. Doch was mit harmlosen Hänseleien beginnt, steigert sich schnell zu schlimmen Schikanen. Alex kann nicht glauben, was da in ihrer Klasse passiert. Denn zwei Jahre zuvor war schon einmal ein Junge das Ziel solcher Angriffe – und damals nahm das Ganze ein schreckliches Ende.

WENN DAS HANDY
ZUR FALLE WIRD

Henriette Wich
CARLSEN CLIPS:
IMMER ON
Taschenbuch
112 Seiten
ISBN 978-3-551-31763-6

LUNA FÜHLT SICH OFT DURCHSCHNITTLICH, auch im Vergleich zu ihren Freundinnen. Sarah zum Beispiel kann toll singen. Aber sie macht das nur für sich, was Luna so gar nicht versteht. Ungefragt stellt sie ein Video von Sarah auf eine Musik-Plattform und kriegt prompt Streit mit ihrer Clique. Aus Frust postet Luna eigene Clips – und kommt damit an! Immer wilder werden ihre Aktionen, immer länger hängt sie am Handy, immer mehr verliert sie den Überblick. Sie braucht Hilfe. Und sie brauch ihre Mädels!

DIE GESCHICHTE EINER
UNGEWÖHNLICHEN LIEBE

Kathrin Schrocke
FREAK CITY
Taschenbuch
240 Seiten
ISBN 978-3-551-31093-4

LEA IST HÜBSCH, TEMPERAMENTVOLL – und von Geburt an gehörlos. Als Mika sie zum ersten Mal sieht, zieht das quirlige Mädchen mit der Lockenmähne ihn sofort in seinen Bann. So sehr, dass er spontan beschließt einen Gebärdensprachkurs zu machen. Familie und Freunde reagieren skeptisch und bald kommen ihm selbst erste Zweifel. Nie hätte er gedacht, dass die Welt der Gehörlosen so anders ist. Und plötzlich ist da wieder Sandra, Mikas Ex, über die er nie ganz hinweggekommen ist ...

CARLSEN